资源与环境制约的应对途径分析

牛学杰 著

科学出版社

北京

内 容 简 介

　　我国工业企业的快速发展走的是高能耗、高污染、粗放型的增长路径。虽然成果显著,但是也遇到了前所未有的严峻挑战,即日益严重的资源短缺和环境污染问题。本书首次运用企业生态理论对该问题进行研究,基于企业生态理论的视角,从企业的生命特征、生态位及其构成、企业种群、种群生态容量、企业生态系统的组成及其作用规律等角度进行了分析,认为企业所面临的资源和环境问题的本质是企业发展受到生态容量的限制。为扩大企业的生态容量,本书从企业生态系统的生态因子分析入手,运用生态系统的多种作用规律,对生态容量进行了多维度的分析,提出企业的应对途径为生态容量的扩大,需从企业种群内部、企业种群之间以及企业生态环境三个层面进行构建,并创造性地将这三个层面与生态化技术创新、工业共生以及制度生态环境建设结合起来进行综合考虑。

　　本书可供高校、科研机构的相关领域的学生、教师和科研工作者以及政府部门参考。

图书在版编目(CIP)数据

资源与环境制约的应对途径分析／牛学杰著.—北京:科学出版社,2017.2
ISBN 978-7-03-051712-8

Ⅰ.①资⋯　Ⅱ.①牛⋯　Ⅲ.①企业管理–生态管理–研究　Ⅳ.①F272-05

中国版本图书馆 CIP 数据核字(2017)第 024981 号

责任编辑:李　敏　杨逢渤／责任校对:邹慧卿
责任印制:张　伟／封面设计:无极书装

科 学 出 版 社 出版
北京东黄城根北街 16 号
邮政编码:100717
http://www.sciencep.com

北京京华虎彩印刷有限公司 印刷
科学出版社发行　各地新华书店经销

*

2017 年 2 月第 一 版　　开本:720×1000　B5
2018 年 1 月第三次印刷　　印张:7 3/4
字数:156 000
定价:60.00 元
(如有印装质量问题,我社负责调换)

前　　言

改革开放以来，我国经济的发展取得了举世瞩目的重大成就，经济总量跃升到世界第二，其中工业企业的快速发展发挥着举足轻重的作用。但我国工业企业的快速发展走的是高能耗、高污染、粗放型增长的路径。因此，虽然经济发展成就显著，却也遇到了前所未有的严峻挑战，即日益严重的资源短缺和环境污染问题。

对于资源与环境的制约问题，前人已做了大量的研究，但也存在一些不足：对于宏观层面影响经济发展的资源约束的研究较多，而对企业层面如何应对资源与环境制约，以实现可持续发展的研究较少；大多缺少系统的理论支撑、分析角度不全面以及应对途径不能够统筹兼顾等。鉴于以上原因，本书首次运用企业生态理论对该问题进行研究，为分析解决该问题构建一个更加全面系统的理论框架，为找出一条切实可行的组合性应对途径做出理论方面的准备。

具体而言，本书基于企业生态理论的视角，分别从企业的生命特征、生态位及其构成、企业种群、种群生态容量、企业生态系统的组成及作用规律等角度进行分析，并在此基础上得出一个基本的结论：企业所面临的资源和环境问题，其本质就是在一定的区域内，企业种群间盲目无序的恶性竞争，企业生态位严重重叠，导致企业种群对资源和环境的无限占用和有限利用，使其对资源的吞噬和环境的污染，远远超出了该区域生态容量的承载能力。因而，企业的发展越来越受到生态容量的限制。为了扩大企业的生态容量，本书从企业生态系统的生态因子入手，运用生态系统的多种作用规律，对生态容量进行了多维度的分析。

根据自然生态系统中存在的补偿机制、协同进化规律以及人工生态系统中存在的技术创新对于生态容量的扩大作用和生态环境对于组织形式进行选择的特性，本书提出企业的应对途径，即生态容量的扩大，需要从企业种群内部、企业种群之间以及企业生态环境三个层面进行构建，并富有创造性地将这三个层面与生态化技术创新、工业共生以及制度生态环境建设结合起来进行综合考虑。包括以下三部分的研究内容：

1）运用 Logistic 种群增长模型，对生态容量的限制作用进行了数理分析。然后，结合企业生态理论中技术创新可以扩大生态容量的观点，引入生态化技术创新的概念，提出了扩大生态容量的两种途径。

2）应用 L-V 竞争模型分析了竞争对于生态容量的影响，提出在特定的时空条件下，不同的种群间也会出现生态位的重叠，造成种群间竞争，进而导致企业种群规模常常低于生态容量的理论饱和值。引入共生的概念，提出了通过发展工业共生来扩大生态容量的观点。

3）基于迈克尔·汉南（Michael Hannan）和约翰·弗里曼（John Freeman）的"环境对于组织行为影响很大"的观点，本书提出要发展生态化技术创新，构建符合其发展要求的生态环境是关键；要构建新的企业生态环境，政府将在其中发挥着至关重要的作用。

简而言之，本书运用定性与定量相结合，移植与隐喻相结合的方法，将企业生态理论运用到企业所面临的资源与环境制约问题的研究领域，为此问题的研究构建了更加宏观的理论框架，开启了新的研究思路；并且，创造性地将已有研究成果中的生态化技术创新、工业共生以及制度创新三方面内容，从企业生态理论的角度进行了重新认识，建立了三者之间的有机联系；更为重要的是，本书将其与企业生态的三个层次结合起来，进行整体性的研究，提出了通过有效扩大企业生态容量，来应对资源与环境制约问题的综合性的解决途径。

本书的出版得到了山西省优秀人才专项项目"山西循环经济发展理论与实证研究"（项目编号 115521008；科研编号 rsc0176）和"中层管理者情绪"（115021901007）的资助。此书的完成应特别感谢梁嘉骅教授和李常洪教授的悉心指导，还要感谢刘维奇教授和李景峰教授的肯定和鼓励。

由于作者水平和时间所限，书中难免会有不妥之处，敬请读者不吝赐教、批评指正。

作　者

2016 年 5 月

目　　录

第1章　绪　　论

1.1　研究背景：资源与环境的制约

工业革命以来，社会生产力迅速发展，人口急剧增长以及人类社会活动规模也不断扩大。在传统工业文明为人类带来巨大物质财富的同时，资源消耗的速度在加快，废弃物排放量也不断增加，环境污染问题日益突出，全球经济社会发展面临着巨大的危机。生态环境持续恶化主要体现在以下几个方面：①二氧化碳浓度剧增，导致全球性气候变暖；②极地冰川的范围和厚度逐渐缩小；③气候变暖，冰川融化导致海平面逐步上升；④世界性的极端天气事件频繁发生，给人类带来不可抗拒的巨大灾难；⑤全球41%的干旱土地已发生严重退化，由于干旱引起的土地大量沙漠化趋势在逐步加剧。

中国改革开放三十多年以来，经济发展路径实现了由计划经济向市场经济的全面转型，工业经济持续高速发展，人民的物质生活水平也得到了不断提高。但不容忽视的是，中国的工业经济走的是一条高投入、高能耗、高污染的粗放型发展路径，因而造成了自然资源的过度消耗和生存环境的持续恶化。以能源消费为例，中国一次性能源消费结构为煤炭占70%，石油占20%，水电、核电、风电合起来占7%，天然气占3%（数据来自世界统计年鉴2011）。由此可见，支撑中国工业经济发展的主要能源是不可再生的资源——煤炭，而大量的工业生产燃煤必然带来严重的大气环境污染。据中国节能网披露的资料显示，中国每年向大气中排放的二氧化碳总量超过60亿吨，位居各国之首。总之，这种粗放的发展模式使中国经济的可持续发展面临着严重的资源与环境的制约。具体而言，存在以下几方面的问题。

（1）自然资源严重短缺

无论是工业时代还是知识经济时代，自然资源在社会发展过程中都起到了不可忽视的作用。随着经济的持续增长，自然资源对企业可持续发展的约束作用日益凸显。

中国 45 种主要矿产资源的人均占有量不足世界人均水平的一半，石油、天然气、煤炭、铁矿石、铜和铝等重要矿产资源人均储量，分别相当于世界人均水平的 11%、4.5%、79%、42%、18% 和 7.3%；石油、天然气、铁矿、铝土矿等的蕴藏量都占世界的 5% 以下，人均水平排在世界 80 位以后，自然资源供给量严重不足。

（2）生态环境持续恶化

随着工业化和城市化的快速发展，环境污染问题也日益严重，导致人们的生存环境也持续恶化。当前环境污染的问题主要集中表现在四个方面。

1）水体污染——工业污水和生活污水排放量急剧增加，且得不到有效治理，不仅造成地表水污染严重，而且部分地区地下深层水质也受到不同程度的污染；

2）大气污染——主要来自生产经营排放、机动车辆排放、居民生活排放，从而导致大气污染不断加剧；

3）固体废弃物污染——由于工业生产量及民生消费量增加，工业废弃物和生活废弃物产生量持续增加，这些固体废弃物难以得到有效的无害化处理；

4）自然生态破坏——由于人为开发区域扩大，自然生态容量逐渐缩小，生态体系被破坏的问题日益突出。

（3）资源利用浪费严重

我国企业资源的利用效率与国际先进水平相比，仍存在较大的差距。目前，我国企业资源利用效率的不足之处可以概括为以下两个方面。

1）资源利用率偏低。中国企业的能源消耗水平高于世界平均水平，其中化工、冶金、电力以及有色金属压延等行业的能耗水平比世界平均水平高出 40%；国内工业用水的重复利用率也不高，与国外先进水平相比低 15%～25%；煤系共生及矿产资源，大多数都没有得到合理的利用；木材的完全利用率只有 60%，而发达国家的利用率通常是 80% 以上。

2）再生资源回收利用率低。中国钢铁行业中废钢的利用量占粗钢产量 26%，而世界平均水平为 43%；再生铝产量占铝产量的 21%，远远低于世界水平的 40%；世界水平再生铜产量所占铜的比重平均为 37%，而我国仅有 22%。此外，我国每年有大量被遗弃的可回收资源，如旧电器、电子产品、废纸、废非铁金属、玻璃、废塑料等，远远没有达到资源的充分利用和循环再生。

我国要实现全面建设小康社会的宏伟目标，应当加快发展的步伐。但是，目前企业的粗放型发展，不但消耗了大量自然资源，而且增加了巨大的生态和环境成本，这与建设和谐社会的目标是不相容的。

1.2 研 究 综 述

对于环境污染与资源短缺问题的认识与研究由来已久：

1962 年，《寂静的春天》一书的出版，敲响了环境危机的警钟；

1966 年，美国经济学家鲍尔丁提出了"宇宙飞船理论"（解振华，2003）；

1972 年，《增长的极限》研究报告，提出了人类发展极限的问题；

1972 年，联合国的《人类环境宣言》，提出开发利用自然的同时，也要对自然进行保护；

1989 年，工业生态学的概念开始进入人们的视野（Frosch and Gallpoulos，1989）；

1992 年，联合国通过《里约热内卢环境与发展宣言》，提出可持续发展的方针（马凯，2004）。

到目前为止，这一问题的解决方式的研究大致经历了三个阶段：末端治理—工业预防—循环经济。

1.2.1 国外研究现状

由于发达国家工业发展的历史较长，学者们对于资源与环境问题的研究历史也较长。对于发达国家而言，这一问题的出现是一个渐进的过程，是由环境污染逐渐过渡到资源短缺的。因此对于这一问题的研究也是这样一个渐进的过程。就现阶段而言，国外学者关于这一问题的研究主要集中于发展途径方面。

Pearce 和 Turner（1993）、Bovenberg（1997）、Bruvoll（1998）、Hirohisa 和 Kazunori（1998）、John（1999）、Kondo（2001）、Spatari（2002）提出通过征收包装税、环境税收改革、征收原生资源税、价格控制和行政手段、价格政策等手段提高资源和产品的利用效率和物品的回收利用率。

Hond（2000）、Barry（2001）、Lester（2003）提出减量化使用一次性资源，积极开发替代资源，开发可循环利用的产品，效仿大自然重新设计经济系统，从源头减少污染产生的可能性。

Paul（2001）、Donella（2001）、Eric（2003）、Reijinders（2000）提出需要对产品进行全生命周期的系统设计，包括如何延长产品的寿命，如何减少原材料的使用，产品将来的用途，如何避免废物的产生，如何进行拆分回收利用等。

Robert（1997）、Frosch 和 Gallpoulos（1989）提出通过模仿自然生态系统，

建立生态工业园，提高资源利用率，减少对环境的影响。

Braungart 和 Englefried（1992）、Fullerton 和 Wolverton（1999）提出应该延伸生产者的责任，设置了押金退还制度，由生产者来负责污染物的处置。

Lester（2003）、Suren（1999）、Ausubel 和 Langford（1997）、Michael（2000）提出通过发展生态化技术创新提高资源利用率，减少资源使用，进而减少对环境的污染。

在对于这一问题的研究中，技术创新始终是一个中心话题。

乐观派的学者普遍认为技术创新能够帮助人类突破"增长的极限"。朱利安·西蒙在《最后的资源》中认为，"人类正处于从 1800～2200 这个'伟大转折'的中期，这个中期是从产业革命到后工业化社会的过渡时期，是人类由贫困到富裕的过渡时期，人口、粮食、能源、污染等世界性问题只不过是过渡时期的问题，也就是从世界性贫困迈向世界性繁荣之间暂时性的问题，随着科学技术的不断进步与发展，人类的资源是没有尽头的，生态环境将会日益好转，粮食在未来将不成问题，人口也会自然而然地达到平衡"。

学者们通过分析历史数据研究了技术创新对于突破资源约束的贡献：Wernick（1996）的研究表明，1966 年与 1970 年相比，每单位 GDP 消耗的原料已经下降了大约 1/3；Stiglitz（1997）认为如果耐心地给技术进步以足够的时间去增加有效的资源存量，就能使经济持续正增长；Stephen 和 Daniel（2000）在《自然资源稀缺与技术进步》一文中，通过对 1870～1998 年的实证分析证明，20 世纪在自由市场经济条件下，技术进步已经克服了自然资源稀缺的问题；Smith（2002）的研究发现自从 1970 年到 2002 年，世界每 1 美元 GDP 的基本能源消耗的下降率已经超过了 25％；Stadter（2002）认为从 20 世纪 90 年代以来，每年的能源消耗下降率为 1.7％。

市场理性主义者对技术进步的作用保持乐观的态度，他们认为由于价格的变化，市场会给出资源状况的信号从而引发一个内在的，自我生成的社会和技术进步机制（Jeffrey and Kraat，2005）；Wright 和 Czelusta（2002）将美国的增长归功于技术创新使资源和投资策略实现了新组合；Sjak（2001）在资源稀缺与内生技术的研究中，认为技术进步和政府政策是重要的内生变量；Jeffrey（2005）认为技术进步弥补了自然资源的稀缺；Stefan（2005）研究发现尽管自然资源变得越来越稀缺，但是技术进步使得用较少的资源投入产生相当的数量是可能的；Kevin（2007）认为人类将取得克服资源稀缺这一障碍的技术进步。

1.2.2　国内研究现状

同发达国家企业发展了上百年的历史相比，我国企业发展历史较短，主要是在近三四十年取得了较快的增长。而资源与环境问题则出现在近二十年，尤其是集中出现在 21 世纪的前十年。同时，由于研究工作的滞后性，现阶段我国的资源与环境问题研究尚处于认识和解释阶段。

资源与环境的制约是我国经济发展中的一个突出问题，其外在表现就是人口增长，经济发展同生态环境、自然资源的矛盾加剧，具体表现为中国经济社会发展遇到的两大战略性难题：一是人均资源要素占有率低，而人口多、就业压力大；二是人均资源要素利用率低，而现有生产方式粗放，资源消耗大。两大难题有一个"交集"，就是资源约束（朱锦昌，2004）。

我国学者普遍认为中国目前经济发展受到了前所未有的资源约束。国家发改委国民经济综合司在 2004 年的《资源约束形势和风险分析》中指出：在中国，随着工业化进程的不断加快，经济社会发展面临着土地、自然资源、生态和环境承载能力约束矛盾加剧的问题，而且是其他绝大多数工业化国家未曾遇到的。宋旭光（2004）认为，在中国和平崛起的过程中，资源约束问题更加值得关注。王春秋（2006）认为随着中国社会经济的不断发展，资源约束已上升为影响中国经济社会可持续发展的首要因素。冯登燕（2006）认为作为一个拥有 13 亿人口的大国，中国工业化是人类历史上人口参与规模最大的工业发展过程，对资源的消费和对环境的影响非常巨大。所以，中国工业化所受到的资源和环境约束比世界上其他国家更为显著，特别是进入 21 世纪，中国正处在高速发展的工业化时期，资源总需求迅速扩大，资源对经济发展的制约作用日益突出。对于这一问题，我国学者从多角度进行了研究。

（1）经济增长方式

陈永昌（2005）认为由于中国经济增长方式仍是粗放式增长，近些年来经济的快速发展、高增长是以高投入、高消耗、高污染为代价的，这越发凸显了中国资源短缺问题。张琦（2006）认为 2002 年以来中国经济进入到了资源约束的新阶段，当前面临的矛盾是：中国的经济增长是以牺牲大量资源为代价的，生态环境日益恶化给未来经济持续增长构成严重阻碍；经济安全风险增大，也给国家造成安全隐患。

（2）资源禀赋

芮建伟（2002）认为中国是一个资源短缺且消耗巨大的国家，人均资源占有量仅为世界平均值的 1/2，而 2003 年中国消费的原油、原煤、铁矿石、钢材、氧化铝、水泥分别约为世界消费量的 7.4%、31%、30%、27%、25%、40%，同时带来了巨大的环境压力，资源短缺已经成为制约中国加快发展的主要瓶颈。吕铁（2004）认为，中国工业化进程正面临日益严峻的资源约束问题，从资源总量看，中国在世界上属于资源大国，但由于人口基数大，从人均资源量看则是一个资源贫国，尤其是对经济发展具有重要意义的战略性资源，中国的人均拥有量远远低于世界平均水平。

（3）资源需求

翁光得（1998）认为中国的资源稀缺已构成制约经济增长和发展的瓶颈。中国现在进入了工业化的新阶段，由于重工业对资源尤其是能源的消耗强度很大，导致自然资源对中国经济增长的约束日趋明显。慕海平（2004）认为，中国经济已经进入重化工业主导的城市化加速发展阶段，资源消耗增加，将使中国短缺的一些重要战略性资源特别是石油和矿产品的供求矛盾进一步加剧，对国际资源的依赖也会明显加强。

（4）要素分析

唐德才（2008）认为，制造业面临自然、生态、经济以及社会等多方面的资源约束。各要素之间的关系是变化的、相互关联的、存在着差异同时也是可以控制的。对于资源的有效利用是企业可持续发展的关键所在。李宇凯等（2010）总结了影响我国资源型企业发展的内外制约因素，分析了自然、政府、市场等外部因素，以及技术、制度和观念等内部因素。

（5）发展路径

唐德才（2006b）从制造业面临的自然资源、社会资源、环境资源和经济资源的约束问题分析入手，提出了我国制造业企业的发展路径。曹正汉（2008）提出突破资源对我国制造业企业发展的约束，需要发展制造业企业服务业、装备制造业和加大自主创新，认为需要通过制造业发展模式的提升，来解决我国制造业发展的资源瓶颈问题。

（6）地区层面研究

蒋国瑞等（2006）对于北京地区制造业面临的自然资源的约束和行业竞争约束进行了分析，提出北京应该立足于教育、科研、基础设施等优势走可持续发展的道路。韩云（2009）分析了苏州资源约束下的低端制造业的特点和增长制约，苏州制造业所处的发展阶段，提出改变需求偏好和资源供应，完善价值链，使苏州企业向现代企业基地转变。孔善右等（2008）建立了江苏省制造业的资源约束模型，并对江苏省企业的资源约束问题进行了实证分析，进一步证实了资源与环境污染对于江苏省制造业企业发展的影响。

（7）发展评价

唐德才等（2006a）建立了评价资源约束型制造业企业的可持续发展指标体系，并运用 SPSS 软件进行了实证分析。王燕等（2008）采用 DEA 分析方法，分析了我国制造业企业在环境约束下的全要素生产率，指出机械设备企业发展较好，而加工业是污染治理的重点。章上峰等（2011）对 2001～2008 年我国企业的 28 个分行业的生产率增长情况，在环境约束和资源约束两种情况下进行了分析。祝爱民等（2011）应用 DEA 方法，从能源与环境约束和可持续发展的角度，对我国装备企业 2005～2009 年的发展效率进行分析，并根据结果给出了对策和建议。

（8）成因分析

张宏伟（2006）对我国工业面临的资源环境约束原因进行了分析，指出资源的外部性和实际成本与价格的不一致性造成了资源利用的低效率，进而造成了环境的污染和资源的耗竭。

1.2.3 评述

通过上文中的研究回顾可以发现，发达国家一方面企业发展历史较长，另一方面对于这一问题的研究发端于环境污染，现阶段它的研究主要集中于发展途径方面；而我国现代企业发展时间较短，但是发展速度很快，各种矛盾集中出现，对于这一问题的研究还不是很充分。国内学者更多地关注资源环境约束与经济增长的关系，关注资源瓶颈对于我国经济的制约作用，而对于企业层面面临的资源与环境约束问题的研究尚处于起步阶段，尤其是在应对途径的研究上更为欠缺。

从整体上讲，主要存在以下几个方面的问题：

1）研究多关注资源环境问题与经济增长的关系，而对于如何解决这一问题的研究还不多；

2）更多的是从宏观经济层面进行研究，对于企业层面的研究还不多；

3）现有成果分散而不成体系；

4）研究视角狭窄，缺少系统化的思考；

5）在理论研究上，缺少宏观理论体系的支撑。

以上五个方面问题的存在，制约了对于企业面临的资源与环境问题的进一步研究。当面对经济系统这一复杂系统时，任何单一方面的行为与其所得到的结果之间都是不对称的，任何单一层面的措施，都无法达到预期的效果。因此，本书将引入企业生态学的方法对这一问题进行研究。对于经济系统而言生态学是一个较为适宜的研究思路，将有助于对资源与环境问题的整体把握。

企业生态理论作为一门新兴的组织理论，被引入我国的时间尚短，很少被应用到具体的经济领域。但其作为一个具有系统化观念的理论，将会为企业发展研究提供更为全面、深入、系统的视角。因此，本书将发挥其系统化思维的优势，对现有成果重新分析，进行进一步的理论挖掘，以构建完整而系统的研究体系，为进一步的研究做好理论准备。

1.3 研究意义

工业企业在我国经济发展中起着举足轻重的作用，而现阶段资源与环境问题严重制约着工业企业的发展。虽然对于我国企业面临的资源与环境问题的研究已经取得了一定的成果，但是由于缺乏系统化的认识，难以了解到问题的全貌，这也就为这一问题的理论探讨和实践意义的提升造成了一定的障碍。本书将运用企业生态理论，对现有研究成果重新进行理论分析，以期构建对企业资源与环境问题研究的理论体系。

因此，本书研究的理论意义和实践意义体现在以下几个方面。

第一，本书的研究有助于资源与环境问题研究体系的构建。本书基于企业生态学的视角，对现有研究成果进行了进一步的理论分析，从企业种群内部、种群间和外部环境因素三个层面入手，研究了企业可持续发展的途径，并且建立了相应的生态学数理模型，进行了定量化的研究。

第二，本书进一步完善了企业生态研究理论。目前，我国企业生态理论的研究还处于发展前期，对于企业层次的生态特征及行为研究较少。本书从生态学角度对企业生态容量扩大问题进行了研究，进一步丰富了该理论。

第三，本书的研究为企业管理者和政府部门提供了理论支持，有助于其对资源与环境问题的全面认识与把握。

面对目前我国工业企业发展面临的资源与环境问题，本书的研究从实际问题出发，引入新的理论方法，更为系统化地对这一问题进行了研究，符合经济发展的需要，能够对实践有一定的指导意义。

1.4 研究内容及方法

1.4.1 技术路线

本书技术路线如图 1-1 所示。

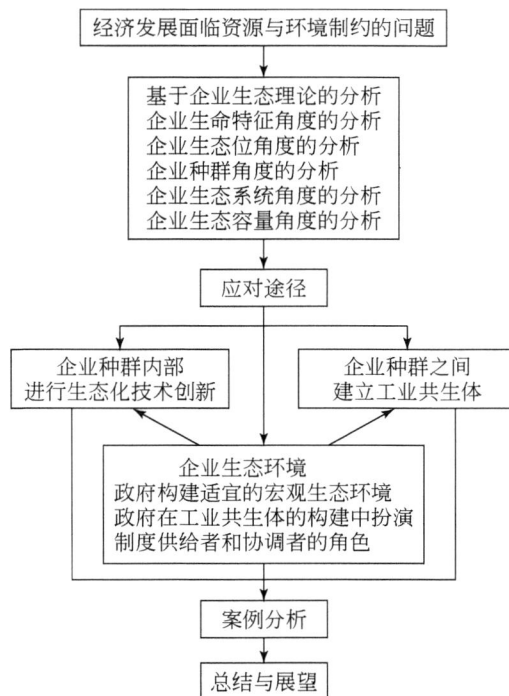

图 1-1 技术路线

1.4.2 研究内容

本书内容主要包括以下几部分。

（1）基于企业生态理论的分析

从企业的生命特征、生态位及其构成、企业种群、生态容量以及企业的生态系统等角度进行了分析，构建本书的理论框架。

企业的发展受到多种因素的限制，就现阶段而言，资源与环境的制约是一个很重要的限制因子。而这个限制因子的形成又是多种因素共同作用的结果，包括资源本身的有限、无序的竞争、技术落后以及政策限制等多方面因素。最后，提出企业应对资源与环境的制约，即扩大生态容量，需要从技术创新、种群共生以及政策生态环境构建等三方面进行考虑。

（2）生态化技术创新对于生态容量影响的分析

本部分首先应用生态容量的概念，运用 Logistic 模型，来对限制企业发展的资源和环境因子和企业发展的关系进行了定量化的分析；紧接着引入生态化技术创新的概念；在此基础上，针对生态化技术创新对于生态容量的相对和绝对扩大作用的影响分别建立了生态学模型，并进行定量化分析。

（3）种群共生对于生态容量影响的分析

在特定的时空条件下，由于不同企业种群间生态位的重叠，企业种群规模常常低于生态容量的理论饱和值，因此本部分进一步分析了竞争对企业生态容量的影响。并且提出，企业可以通过与其他企业种群构建共生合作关系，来有效地扩大生态容量。最后，建立共生模型，进一步分析了共生对于扩大生态容量的作用。

（4）政府作用分析

环境对于组织行为的影响很大。而要解决企业面临的生态容量限制问题，发展生态化技术创新是关键（Kevin and Keller, 1998）。因此，需要构建符合其发展要求的生态环境。在分析了传统经济生态系统存在的限制因素后发现，政府对于构建新生态系统至关重要。在宏观层面，政府的作用主要通过国家调控、经济工具和社会平衡机制来实现；在工业共生体的建设中，需要政府扮演制度供给者和协调者的角色。最后，以新能源产业的发展为例，对政府的角色进行了较为深入的研究。

（5）山西省洪洞县循环经济工业园区案例分析

洪洞县 2008 年被确定为山西省首批循环经济试点县，2011 年被评为山西省循环经济先进县，该县四个循环经济工业园区经过多年的发展，取得了较好的经济和生态效益。本部分以洪洞县为例，按照企业生态学的理论对其工业园区的发展进行了分析，一定程度上印证了书中所述的企业应对资源与环境制约的三种发展途径。

1.4.3 研究方法

（1）定性与定量相结合

首先运用企业生态理论对企业如何应对资源与环境的制约，即资源生态容量扩大问题进行系统化的、定性的分析。然后通过建立模型，以及对模型的改进，对其进行了定量分析。实现了定性与定量研究的结合，更加深刻地认识了资源与环境制约问题。

（2）移植与隐喻相结合

自然生态系统与企业生态系统有很多相似相通之处，因此，本书移植了部分生态学的理论和方法，用隐喻的方法，阐述自然界生态系统的规律对于企业生态系统的启发。

1.5 创 新 点

1）运用企业生态理论对企业面临的资源与环境制约问题进行系统性的分析，分别从企业生命特征、企业生态位、企业种群和群落以及企业的生态系统等不同层面进行了分析，为认识该问题提供了新的、更加宏观的视角。

2）提出企业面临的资源与环境制约问题，可以被视为企业发展的生态容量限制问题，并分析总结了我国企业生态容量的不同维度的限制因子。

3）创造性地将前人已有的技术创新、工业共生和制度创新等内容，按照企业生态理论的思想重新进行审视和综合，建立了三者之间的有机联系，提出了企业应对资源与环境制约问题的途径。包括三种措施：进行技术创新，发展种群共生和构建制度生态环境；三个层面：企业种群内部，企业种群间和企业生态环境。

第 2 章　基于企业生态理论的分析

由于自然科学与社会科学的不断融合，出现了一大批交叉学科，知识理论研究领域进入了一个前所未有的变革时期。随着生态学、经济学和管理学的融合，企业生态学也随之诞生，这一学科主要是借鉴生态学的观点，对企业行为进行研究。其主要关注点是企业组织的发展过程以及与外部环境的关系，为企业行为的研究提供了一个更为宏观的新角度。

本章基于企业生态理论的视角，将对企业面临的资源与环境制约问题，进行如下分析：

1）从研究范围来说，按照企业生命特征（企业个体）、企业生态位（同类企业间）、企业种群和群落（不同类企业间）以及企业生态环境的顺序，依次扩大研究视角；

2）从企业自然生态属性和社会生态属性两方面，来对问题产生的原因进行分析，并寻求解决之道，为进一步的研究奠定必要的理论基础；

3）引入生态容量的概念，对资源与环境制约进行分析；

4）提出了扩大生态容量的三条途径。

2.1　企业生命特征角度的分析

企业具有作为生命有机体具有诸多生命现象：企业追求成长；企业具有从出生至死亡的生命周期；企业遵从优胜劣汰的自然规律；企业有自觉能力并对环境做出反应等（梁嘉骅等，2005）。

企业还具有鲜明的生命特征。生命特征是生物学上的一个基本概念，其主要包括三方面的内容：新陈代谢、自我复制以及自我修复。将这一理论拓展到企业领域，通常指的是企业在其发展过程中也具备的一定的生命特征。可以从以下三个方面进行理解。

（1）企业的新陈代谢

新陈代谢是维持一个生物体生存发展的必要过程，在这个过程中，既包括从外界获取一定的养料维持自身的运转，进行能量的存储，也包括将生物体自身所分解出来的废弃物或者有害的物质进行有效的释放和排除。

企业的新陈代谢，从本质上来看也是这样一个过程：吸取有利的、自身需要的物质，排除不利的、应当释放的物质。它与生物体的区别就在于，企业所需要的养料指的是人力资源、资金、自然资源、设备、信息技术等。将这些有效的资源进行利用，根据自身的能力进行吸收和加工，从而生产出市场需要的产品。

（2）企业的自我复制

对于生物体来说，自我复制指的是生命的繁衍与持续，这是具有生命的物种得以延续与传递的根本保证。

企业的自我复制可以理解为，企业在自身的发展存续过程中，随着各种生产资料的不断积累，创造的价值不断增加，产业规模不断扩大，当企业发展积累到一定阶段后，就会延续原本企业的发展轨迹，衍生出新的企业。在这个复制的过程中，既有已有经验的移用，也有新的提升，进而创造出一个更加先进的全新企业。当新创造的企业积累发展到一定的阶段后，就会继续衍生出更加高级的企业组织。在这个衍生复制过程中，一方面随着规模的扩大，造成资源消耗的增加；另一方面，随着更多类别的产品与更新的技术出现，也会提高资源的利用效率，减少废弃物产生的可能性。

（3）企业的自我修复

从生物学的角度来看，自我修复是生物界在长期进化过程中获得的自我防御机制之一，其目的是为了自我保护，延长自己所存在的时间。在自然界中，一些动植物的自我修复能力很强，其自身的器官或者细胞在受到损坏的情况下，可以通过肌体自身的调节与再生能力重新组织与装配，这是一个自我完善与修复的过程。

对企业而言，在激烈的市场环境下，不可避免地会遇到一些困难，例如原材料短缺，国家环保政策变化，新技术出现等。这就需要企业发挥自组织能力，通过内部的调整和修复，创造一条新的生存发展途径。从组织结构上看，这其实是要求企业组织从当前较为低级的形态进化成一种更加高级、科学的形态。

总而言之，企业的发展同样是一个新陈代谢（生产）、自我复制（发展）、自我修复（调整突破）的过程。由于企业的本性是不断实现自身的增值和扩张，"资产阶级在它的不到一百年的阶级统治中所创造的生产力，比过去一切世代创造的全部生产力还要多，还要大"。因此可以说，我国企业面临的资源与环境的制约正是企业不断新陈代谢与自我复制的结果。

然而，企业的发展同时又是一个自我修复、不断突破的过程。"资产阶级除非使生产工具，生产关系，全部社会关系都不断地革命化，否则就不能生存下去"。以企业的能源使用为例，自工业革命以来，突破了木材燃料危机，煤炭危机，石油危机等一系列瓶颈。而实现突破的道路就是发展科学技术，开辟获取利润的新领域。

2.2　企业生态位角度的分析

生态位是指生物生存的空间，包括多个空间维度（梁嘉骅等，2005）。一般来说，生物摄取的物质种类多，则生态位较宽；种类少，则生态位较窄。多个物种摄取相同的物质，则为生态位重叠。企业生态位（enterprise niche）是在生物生态位的基础上借鉴发展而成的，是指在与企业相关生态系统中，一个企业所处的位置和状况，通常是由这个企业内部的人力资源水平、资本积累状况、技术水平等相关因素决定的。

企业在行业内的生态位是企业竞争实力的体现，例如一家焦化企业，其工艺水平越高，即占据的科技生态位越高，则其提炼化工产品的种类越多，即占据的产品生态位越宽。一般来说，企业相关产品的种类越多，则产品生态位越宽；品种越少，则产品生态位越窄；多个企业消耗相同的资源，则生态位资源重叠，加剧竞争。

2.2.1　企业生态位的构成

企业生态位由人力资源生态位、产品生态位、资本生态位、科技生态位、资源生态位等多方面组成（梁嘉骅等，2005）。

（1）人力资源生态位

人才是企业发展的根本，尤其进入知识经济时代以后，企业间的竞争在于吸引人才和使用人才。企业不断提高自身留住人才、培养人才的能力。争夺人才生态位，是企业发展的重要任务。

（2）产品生态位

企业是通过其生产的产品来服务消费者的，其生产的产品种类越多，其生态位就越广。以钢铁企业为例，其生产的钢材种类越多，其占据的产品生态位就越宽；其废弃物利用水平越高，其附属产品也就越多，相应的也拓宽了产品生态位。

企业的竞争最终体现在以产品争夺消费者上，产品生态位的选择，需要考虑企业自身实力、产品前景、新技术的发展等，尤其是在企业进行产品生态位的转换和延伸时更需考虑。在市场竞争激烈时，企业要能够善于发现新的市场，以避免因为生态位的重叠而造成的竞争。

（3）资本生态位

资本是制约企业发展的一个重要因素。资本生态位是指企业可能的获得资本的渠道。企业的发展需要资本的支持，而资本都是逐利的，资本必然向高利润方向流动。因此，越是成功的企业，越能够占据较宽的资本生态位。以山西省煤炭相关产业升级的历史为例，企业是否被淘汰或能否成功升级，资本在其中扮演着至关重要的角色。

（4）科技生态位

科技是第一生产力。人类的发展史也是一部科技发展史，每一次的重大技术革命都引起了社会的改变，带来生产力的大幅提高，新产品和新产业的大量出现，甚至产业格局的改变，这些都会对企业的生态系统造成巨大的影响。

广义的科技生态位包括科技的发展状况和国家现有的和可能的科技政策；狭义而言，是指一个企业的可利用的科学技术。

科技生态位与人力资源生态位是相关联的，企业选择什么样的人力资源生态位，某种程度上也就决定了其科技生态位。例如，一家位于一二线城市工业园区的企业比位于县级地区的企业要占据更宽的科技生态位；一家拥有自主研发团队的企业要比一家只能依靠技术引进的企业占据更宽的科技生态位。

（5）资源生态位

企业把制造资源按照市场要求通过制造过程转化为可供消费者使用的产品。物质资源在其发展过程中起着至关重要的作用。资源生态位是指其可利用的资源的丰富程度，包括自然资源，如矿产资源、森林资源等和生态资源，如大气环境、水资源等。例如，一家焦炭企业所在区域的煤炭资源和水资源的丰富程度，直接影响其发展空间。

2.2.2 企业生态位的竞争

在我国市场经济发展初期，企业发展的生态容量很大，不太需要考虑市场竞争以及如何长期发展的问题。企业唯一需要做的是不断扩大生产规模和降低生产成本。以山西省为例，就曾出现过"村村有煤矿，家家冒黑烟"的壮观场面。

随着竞争变得激烈，企业家和企业管理者不得不重新认识企业竞争本质：企业的竞争是企业生态位的竞争。所谓竞争，是指企业为了自身的发展，实现经济利益而不断进行的角逐。企业之间的竞争，正是生态位重叠而引起的（梁嘉骅等，2005）。根据企业间的竞争，生态位重叠可以分为：

1）假如在某一个维度上的资源利用曲线完全分隔，那么必定有某些资源未被利用。除非有某些其他条件限制的影响，其中一个企业或两个企业将从未被利用的资源中得到利益。

2）假如在某一维度上的资源利用曲线的重叠度很大，两个企业利用同样的资源，竞争非常激烈，这将导致一个企业倒闭，或者出现企业分离，以避免竞争。

例如，山西省焦化行业的发展初期，小煤窑，土炼焦的大量出现，造成了煤炭资源生态位的大量重叠，形成了无序竞争和发展，造成了对资源的大量浪费和对环境的严重污染。由此，环境保护部门推出了地区生态环境容量评估，对二氧化硫等主要污染物排放量实施总量控制，并据此对地区污染企业数量进行限制。也就意味着，煤焦企业的竞争，在某种程度上是自然环境生态位的竞争。可以认为，正是由于这些企业对资源和环境生态位的竞争，造成了资源与环境的制约。

2.2.3 企业生态位的控制

自然界生物的生态位是自然进化的结果，长时间处于稳定的状态；而企业的生态位，则是企业主动选择的结果——企业通常能够通过主动地调整、积极地应对来改变自身的生态位——因而波动性较大。当企业面对生态位的限制时，可以主动进行生态位的控制。

生态位控制包括两个方面的内容：拓展生态位和调整需求生态位。要实现企业的发展必须善于拓展生态位和调整需求生态位，以改造和适应环境。

企业发展的初期速度较快，呈指数式上升；最后受环境容量，瓶颈的限制，速度放慢，接近某个阈值水平，呈 S 形增长。但企业可以通过拓展生态位或调整需求生态位，突破瓶颈，之后企业又会出现新的 S 形增长，直到出现新的限制因子或瓶颈。企业正是在这种不断逼近和扩展瓶颈的过程中波浪式前进，实现持续发展的（梁嘉骅等，2005）。

对于企业自然资源生态位的拓展而言，以煤炭开采为例，人类经过了露天开采，浅层开采，现在发展到了千米以下的开采；对于需求生态位的调整而言，以美国页岩气的开发为例，为了应对石油危机，美国积极开发使用页岩气。从 2006 年开始，美国天然气产量中页岩气的产量和比重快速增加，2007 年页岩气产量为366.2 亿立方米，2011 年达 1800 亿立方米，2015 年页岩气产量将达到 2600 亿～2800 亿立方米。

2.3　企业种群和企业群落角度的分析

2.3.1　企业种群间关系的影响

种群（Population）是指一定时空内同种个体的组合，在自然界中一个物种通常是以种群的形式存在。本文认为，企业种群指的是在一定地理区域内，占据相同生态位的，其生产的产品具有一定的形态和特性上的共性的企业个体的集合。例如，山西省某个区域内焦化企业的集合就可以视为是一个焦化企业种群。

就种群内部的个体而言，它们之间组成一个有机的整体，相互之间存在着某种内在的联系。例如，对于某一地区的焦化企业种群而言，虽然种群内各企业间存在竞争，但是由于企业的集聚大大地提高了对相关技术人才的吸引力，拓宽了该地区的人才生态位容量，同时，由于企业间的相互交流，生产工艺和技术水平也得到了提升，扩大了该地区企业的科技生态位容量。

对于不同物种种群而言，他们之间也不是孤立的，同样存在着多种内在联系。布莱顿和霍利将种群间的关系归纳为六种（Brittain and Wholey，1988）。为说明方便，假定有两个种群，这六种关系分别是：

1）充分竞争。例如，对土地资源的竞争，一块土地用于汽车制造工业园区，就绝不可能再用于焦化产业园区。

2）不对称竞争。例如，一个区域如果污染企业较多，如焦化企业，就会对当地的环境造成污染，那么这个区域就很难发展食品加工之类的行业。

3）蚕食性竞争。例如，新能源汽车产业的发展会对传统汽车产业造成一定的蚕食。

4）互不干涉。例如，服装企业与汽车制造行业。

5）寄生。例如，耐火材料生产企业与焦炭企业。

6）共生。例如，火电厂和炼油厂，火电厂的蒸汽可作为炼油厂的动力，炼油厂的废水可作为火电厂的冷却水。

就资源与环境制约问题而言，一方面，不同的企业种群之间，由于占据相同的资源生态位而产生竞争，竞争关系的存在会加剧此问题；另一方面，共生关系的存在，又会在某个维度使得此问题得到缓解。

2.3.2　企业群落的作用

企业群落是指若干企业或企业种群在一定的生境条件下所形成的，与环境相互作用的企业群体。在企业群落内部，企业与企业之间、企业与外部环境之间，各综合因素建立了一定的主客互置的生态关系，并形成特有的群落环境。企业群体和该群体所处的环境共同构成了企业群落生态系统。

企业群落一般由形态和功能特征各异的多种企业种群所构成。例如，农业企业和工业企业、信息企业和销售服务企业、运输企业和科研服务企业等。从企业的组建水平来看，企业群落介于企业个体、种群与较宏观的企业生态系统之间。企业和企业种群不能够独立存在，它们往往因为能量的交流关系而建立起企业生态链——它类似于生物界的食物链。多条生态链相互交织形成了生态网。在企业群落中各企业和企业种群共享资源，实现资源互补的优势使其获得较为稳定而有利的生存环境，促进了企业各自的发展，也促进了企业群落的总体发展。例如，以减少资源使用和减少污染为目的的循环经济产业园，就是依据企业群落中企业生态链的原理，以及不同企业种群间的寄生与共生关系而建造的。

2.4　企业生态系统角度的分析

企业生态系统通常被认为是企业在生命运转全周期中与之产生利益关系的主体，同外部客观环境之间相互作用的一种复杂系统（梁嘉骅等，2005）。在这个系统中，按照其主体性质又可以划分为企业成分和非企业成分。企业成分，我们可以从产业链的结构形态来理解，例如生产资料的供应商、企业自身、代理商等都属于这一类型。非企业成分指的是企业存在的外部生态环境，主要包括经济环境、社会环境、政治环境以及自然环境。从个体与种群的角度来看，一个完整的企业生态系统应包含企业个体、企业种群及企业生态环境三个部分，如图 2-1 所示。一个独立的企业生态系统，在规模与地域上并没有严格的要求。

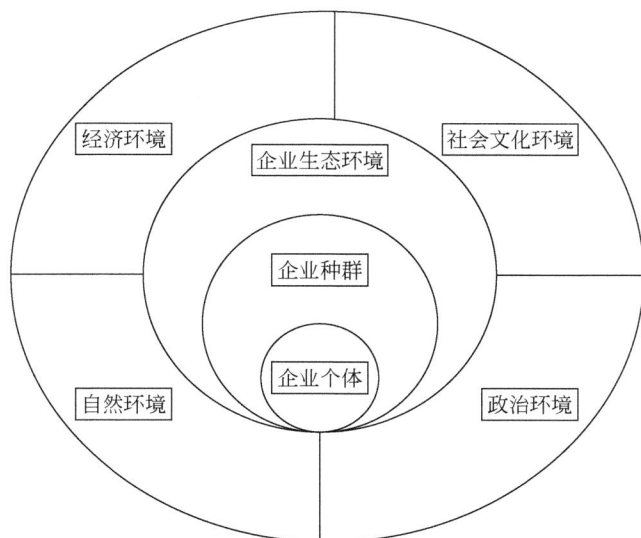

图 2-1　企业生态系统

2.4.1　企业生态系统的组成

在生态学中，生态因子指的是氧气、湿度、温度、二氧化碳等相关因素，这些因素的特性就在于同生物的生长密切相关（殷红春，2005）。一个生态环境的确定，实质上就是这些生态因子的综合，每种生物的生态环境都有较大的差异，是因为每一物种或群体所依赖的生态因子各不相同（梁嘉骅，2005）。

企业生态系统也是不同的生态因子的综合，我们根据其价值属性通常划分为经济生态因子、社会生态因子和限制因子三大类（殷红春，2005）。

（1）经济生态因子

经济生态因子，顾名思义它是与价值创造直接相关的因素，具体可以分为以下几种。

1）消费市场因子。市场在现代市场经济环境下的重要性不言而喻，企业的生产制造，其根本导向就是市场的需求。如果一个企业所制造的产品在消费市场上不被需要，那么这个企业的发展生存就会面临困境。

2）资金市场因子。企业的发展，从来离不开资金这个话题。从世界经济的发展历程来看，企业的大规模出现，带来了一个国家或地区经济的快速发展。同时也是由于这一国家或地区有较为强大的资金支持，才能打造出较为强势的企业。在资本市场的大环境下，企业能否有效地获得资金市场的支持，直接决定着企业能否获得有效的提升和拓展，能否使企业的组织生产结构进入一个更加高级的状态。

3）物资市场因子。从企业的发展运行轨迹看，除了企业自身的创造与生产发挥作用，在整个产业链环境下，物资市场对企业的影响也非常重要。物资供应的价格水平、充裕度、便捷度都会对企业的生存发展产生影响。

4）人力资源因子。企业的运转，无论是技术应用还是生产管理，都需要人来完成。人力资源的素质、价格、供应对企业的运行有着重要的影响。

5）产业结构因子。产业结构，指的是在某一特定的区域内，不同产业的数量以及每一类产业在整个区域产业内部所占的比重。产业结构是否合理，关系着这一地区产业发展的整体趋势和每一个企业所处的位置环境。例如，零部件供应商的产能和质量，影响着企业的发展水平。

（2）社会生态因子

社会因子对企业的影响，主要表现为：

1）文化因子。文化因子是指与企业相关的主体的思想观念、道德水平、价值取向、宗教信仰等，它们会对企业的定位、发展、价值理念会产生直接或间接的影响。

2）教育因子。教育因子对企业最为直接的影响就是在企业所在地区的人力资源的平均素质，并间接地影响了企业的文化观念和价值取向。

3）社会制度与政策因子。无论是社会制度还是国家的相关政策，从理论上看，都属于上层建筑的范畴。上层建筑的存在得益于经济基础的稳定，同时上层建筑的形态对下层的经济基础也会产生能动的反作用，也就是说社会制度和政策，会对企业的市场、产业结构、投资环境等产生直接或间接的影响。

4）科学技术因子。科学技术是第一生产力，这是中国在现代化进程中最为受益的指导思想。对于一个企业而言，先进的科学技术意味着产业效益的提升、产业结构的优化和消费市场的拓展，进而影响到一个企业的整体竞争实力。

（3）限制因子

限制因子是指生态因子中阻挠和限制生物生长和繁殖的因子。任何一个生态因子在数量和质量上不足或过多时，都会使该生物衰退或灭亡。所有生物对各种环境因子都有耐受的范围，即有一个最高点和最低点。例如，企业的发展必然造成环境的污染，会对其生态环境造成影响。而每个区域存在一定的生态阈值，当环境污染超过生态阈值，超出生态环境的自净能力范围时，将会对生态环境造成不可逆的影响。这时生态环境因子就是其发展的限制因子。

在整个生态环境中，生态因子的作用具有以下五个方面的特点（孙儒泳等，2002）。

1）综合作用。在一定的生态环境中所存在的每一个生态因子，虽然具有一定的独立性，但是并不孤立。生态因子作用的发挥，实质就是这些因子在发挥自身价值与功能的同时，与生态环境下的其他生态因子互相配合、互相制约的结果。每一个单独因子的变化，都会对其他生态因子的存在产生一定的影响。例如，在同一个地区，生产同类产品的企业的密度，必然影响该地区的物质资源和环境资源的供应。

2）主导因子。在一定的生态环境中，发挥作用的因子往往是多方面的。但是这些因子对生物产生的影响并不相同，往往只有一个或者两个因子发挥着最为重要的作用，这就是我们所说的主导因子。一旦主导因子发生改变，那么生物所依存的生态环境体系就会相应的发生改变，如资源型产业中，资源的丰裕程度往往就是主导因子。

3）生态因子的阶段性。在生命周期中的不同阶段，企业对于每一种生态因子的倚重程度是不一样的，生态因子在生命周期中所发挥的作用通常是分阶段的。例如，在经济发展初期，消费市场的大小起主导作用；随着市场的成熟，科技因子的作用逐渐显现。

4）不可替代性和补偿作用。生态因子在同一个环境体系下，虽然发挥的作用并不相同，但是缺少任何一个因子对整个生态环境的平衡都会带来负面的影响。但是在某些特殊的情形下，当某些因子数量不足时，与其相近的其他因子可以发挥一定的补偿作用。例如不可再生资源的不足可以通过开发可再生资源得到补偿。

5）生态因子作用的直接性和间接性。生态因子作用的发挥，既有间接的方式，也有直接的方式。例如，经济生态因子通常发挥直接作用，而社会生态因子则发挥间接作用。

2.4.2 企业生态系统的自然属性角度分析

企业生态系统存在以下与自然生态系统类似的特点与规律，对于我们看待企业的资源与环境问题有一定的启示。

（1）环境资源的有效极限规律

任何生态系统中，作为生物赖以生存的各种环境资源，在质量、数量、空间和时间等方面，都存在一定的限度，不能无限制地供给，因而其生物生产力通常都有一个大致的上限。也因此，每一个生态系统对任何的外来干扰都有一定的忍耐极限；当外来干扰超过这一极限时，生态系统就会被损伤、破坏、以致瓦解。如：草场的退化、森林的过度采伐和过量捕鱼等。

无论是企业早期的兴起，还是后来的规模扩大、产值增加，都脱不开其与自然环境资源之间此消彼长的关系。在消耗能源的同时，企业也在不断挑战着环境资源的极限。无论是从供给的角度，还是从后续污染治理的角度，我们都应当意识到，企业的生产创造不能够超过环境资源承载的极限。企业应当加强对资源的保护和再利用，减少对环境资源的掠夺和毁坏。

（2）生态系统稳定性

生态系统发展到一定阶段，它的结构和功能能够保持相对稳定。生态系统所具有的保持或恢复自身结构和功能相对稳定的能力，叫做生态系统的稳定性。例如，当气候干旱时，森林中的动植物种类和数量一般不会有太大的变化，这说明森林生态系统具有抵抗气候变化、保持自身相对稳定的能力。稳定性是系统具有的一个基本特点。一个系统的结构一旦形成，就总是趋向保持某一状态。企业生态系统所具有的保持或恢复自身结构和功能相对稳定的能力，叫做企业生态系统的稳定性。

在自然界，生物的繁衍与进化依赖于外界生态系统的稳定。生态系统的平衡，主要是要求整个系统中的物质成分与所占比例较为稳定，能量的产生与消耗相对稳定，也就是生态学上所说的稳态机制。稳态其实是一种制衡，当系统内部的某一种成分在数量上发生改变时，系统自身的调节能力能够通过自身的调控对其他成分进行补充，进而实现一种比例上的平衡。但是，当整个生态系统内部成分的变化超过系统内部调控极限的时候，就会出现系统崩溃与毁灭的情形。

与自然生态系统相似，企业生态系统的发展，同样受制于这一原理。例如，企业的发展造成了环境污染，企业生态系统中的政府可以利用各种行政的、法律的或经济的手段使得企业生态系统恢复到原有状态。但是，当企业生态系统由于种种原因，使其自身的混乱程度超过其自我调节能力，就不能恢复到原有的功能状态，我们称之为企业生态失调，或企业生态平衡的破坏。由此可见企业生态系统的承载力也存在着一定的限制，也就是说，企业生态系统存在着一个稳定性阈值。这一点在环境方面体现得尤其突出，当一个地方的污染排放量，长期突破其生态阈值，对于生态环境的破坏可能是不可逆的。

（3）生态系统中的协同进化

在自然界中，除了优胜劣汰式的生存斗争外，生命现象还存在共生性、互补性和协同性，也就是既表现在不同物种、不同个体之间相互协同的受益；也表现在不同物种、不同个体之间相互制约的受益；还表现在生物系统与生态环境的相互依存、相互作用的关系。由此而出现了新的进化论，即协同进化论。

生态系统内的个体进化过程是在其环境的选择压力下进行的，而环境不仅包括非生物因素，还包括其他生物。因此，一个物种的进化必然会改变作用于其他生物的选择压力，从而引起其他生物的变化，这些变化反过来又会引起相关物种的进一步变化。在很多情况下，两个或更多物种的单独进化常常互相影响，形成一个相互作用的协同适应系统。例如，捕食对于捕食者和猎物都是一种强有力的选择力：捕食者为了生存必须提高狩猎的能力，而猎物的生存则依赖逃避捕食的能力。在捕食者的压力下，猎物必须靠增加隐蔽性、提高感官的敏锐性和奔跑速度，来减少被捕食的风险。例如，瞪羚为了躲避猎豹的追捕，会跑的越来越快，但瞪羚奔跑速度的提高反过来又作用于猎豹，促使猎豹也增加奔跑速度。捕食者或猎物的每一点进步都会作为一种选择压力促使对方发生变化，这就是自然界的协同进化。

在企业研究领域也存在与生物界非常相似的地方。在企业生态系统中，企业之间相互协同、相互依赖、相互合作，以谋求共同发展，共同推动了整个企业生态系统的进化。人类学家格利高里·贝特森（Gregory Bateson）认为，一个企业的发展是与其他企业共同发展的结果，一个企业的选择决定了另一个企业的变化。举例来说，企业发展造成的资源与环境问题，使得政府加强对环境保护的监管；而一个企业的节能设备的率先使用，会使其更加符合环境保护政策的要求，以获得更多的政策资源支持；进而带动其他企业的改变；从而最终使得整个政策环境变得更加不适合那些没有做出变化的污染企业的发展。如此不断地循环，就构成了企业生态系统的协同进化。

2.4.3　企业生态系统的社会属性角度分析

企业生态系统理论虽然是在模仿自然生态系统相关理论成果上演变而来，但是它与自然生态系统理论存在着很大的不同，就企业资源与环境问题，与自然生态系统理论相比便有以下两点不同。

（1）系统的能动性和可控性

与自然生态系统相比，企业生态系统的差异首先表现为能动性和可控性。能动性，指的是系统的产生与发展，并不完全是自然规律作用的结果，它是人类为了达成一定的目的，满足一定的需要而建立的，与自然界的被动生产相比，人工系统更为主动。可控性，指的是在系统产生与运行的过程中，人工控制一直是维持其稳定运行的一个重要方面，对企业的生产方式和发展方向有明显的控制意识。特别是当整个企业生态系统内部出现功能缺失或者与外界环境产生矛盾时，这种可控性就表现为积极地寻求途径对其进行改造。整个系统在不断的改造过程中，功能也会日趋完善。这是人工生态系统明显优胜于自然生态系统的地方，同时也是企业突破资源与环境限制的可能性所在。

具体来说，有以下几点：

1）功率最大化和最小化原则。任何企业都试图用最小化的资源损耗来获取尽可能多的收益，各种资源最终将流向资源利用率高的企业（梁嘉骅等，2005）。

2）适合度提升的特征。不断提高对生态系统的适合度是企业的重要属性。在企业生态系统中企业间适合度的提升是相互影响的，一个企业的适合度发生变化，将会影响到别的企业；而别的企业发生相应的变化，反过来又影响到这个企业。

所有的企业都希望不断提升自己的适应度。

3）个体行为与宏观涌现。"局部规则"引起系统整体变化，即有序行为和组织的出现。这一点是复杂性科学的重要观点。

4）竞争与合作的特征。企业间的竞争与合作是企业生态系统区别于自然系统的重要特征，是企业生态系统复杂性的特征之一。

（2）生态资源的利用

对于自然界生物而言，从其出生到其生命终止时都栖息在一个特定的环境中，只有这一特定环境下的生态资源能够满足其生存需求。但是企业所在的人工系统则不同，当他们需要某一种特定资源时，除了能够利用企业所在地区的现有资源，也能够跨地区的获取所需要的资源。或者，当某一特定资源变得稀少，难以获得，导致企业获利减少时，企业会积极开发新技术以减少使用量，或开发替代品。

2.5　企业生态容量——资源与环境制约的生态学表述

生态容量是指在不损害生态系统的生产力和功能完整的前提下的最大资源利用量和废物容纳量（刘年丰，2005）。

以企业排放的二氧化碳等温室气体为例，以森林为主体的植被系统是"汇"，能作为"生产原料"来"一定程度"上地对应消化人类生产生活排放的"源"。对于有机废物，植被系统能作为"肥料"来与企业排泄物进行"废料变原料"式的转换（钟晓青，2001）。排放一定比例的污染物或消耗一定比例的资源，需要相应比例的生态容量来负担其对环境的负面影响，即对污染物进行净化或进行生态降解，如果污染物水平超出生态系统的净化能力，则造成环境污染。区域的生态容量越大，则"消化废物"的能力越大。每一个地区的生态容量都存在一定的阈值，企业的发展受到该区域生态容量的限制。

按照企业生态理论的观点，可以认为我国企业面临的资源短缺与环境污染问题是生态容量不足的问题，其中包括了自然资源和环境资源两个方面。生态容量存在着很多不同的生态因子维度。因此，要通过扩大生态容量解决资源短缺与环境污染问题，首先需要分析存在哪些维度的制约。

2.5.1 自然资源限制因子

自然资源是自然环境中与人类社会发展有关的，能被用来产生使用价值并影响劳动生产率的诸多自然要素。自然资源是社会物质财富的源泉，是社会生产过程中不可缺少的物质要素，是人类生存的自然基础。

下面以我国矿产资源为例，分析自然资源对企业发展的制约（表 2-1）。

我国矿产资源的基本特点是资源总量较大，矿种比较齐全，但由于我国人口众多，人均占有矿产资源量较低，我国实际是一个矿产资源相对不足的国家。许多矿产资源，如铁矿石、铜矿、镍矿等的人均消费量都大于人均产量，矿产资源供需失衡。我国 45 种主要矿产资源的人均占有量不足世界人均水平的一半，石油、天然气、煤炭、铁矿石、铜和铝等重要矿产资源人均储量，分别相当于世界人均水平的 11％、4.5％、79％、42％、18％和 7.3％。石油、天然气、铁矿、铝土矿等的蕴藏量都在世界总量的 5％以下，人均水平排在世界 80 位以后，相对于需求来说供给量严重不足。

从矿产资源的可利用性来看，我国铁矿平均品位为 33.5％，比世界平均品位低 10％以上；锰矿平均品位为 22％，比世界平均品位低 26％；铝土矿以一水硬铝石为主，三水铝石和一水软铝石较少；铜矿品位大于 1％的储量仅 35％，平均品位 0.87％；磷矿平均品位仅 16.95％，富矿少，且胶磷矿多，选矿难度大。矿床规模大的矿产仅有钨、锡、锌、钼、锑、铅、镍、稀土、石墨、菱镁矿、北方煤炭等。在矿床规模上，中小型矿床所占比例较大，不利于大规模开发（表 2-2）。

表 2-1　中国主要的矿产资源状况（2010）

矿产资源	储备总量	人均储量（kg/人）	人均产量*（kg/人）	人均消费量*（kg/人）
铁矿石（万 t）	2 220 000	16 600	789	814
铜矿（万 t）	2 870.7	21.42	3.57	5.91
锌矿（万 t）	3 251.4	24	3.21	1.9
铝土矿（万 t）	89 732.7	670	26.67	10.4
镍矿（万 t）	312.1	2.3	0.328	0.485

资料来源：根据中国统计年鉴（2011）计算得到，*代表估算数

表 2-2　2020 年中国矿产资源的供应情况估计

	矿产资源	2020 年中国可供储量保证程度（%）		矿产资源	2020 年中国可供储量保证程度（%）
严重短缺	铜	18	短缺	铁矿石	48
	锌	31		铝土矿	57
	钴	<40		锰	62
	铬	<40		锡	55
	金刚石	<10		铅	48
	铂族金属	<10		镍	48

资料来源：国土资源部（2011）

中国的人口、耕地、水和森林资源状况也不容乐观，见表 2-3。

表 2-3　中国的人口、耕地、水和森林资源状况（2010）

	中国总量	占世界比例（%）	中国人均水平	占世界比例（%）
人口	13.4（亿）	19.6	—	—
耕地	12 172（万公顷）	9.9	0.09（公顷/人）	61
水资源总量	30 906.4（亿 cm^3）	22.4	2310.4（cm^3/人）	31.2
淡水资源总量	30 590（亿 cm^3）	6.4	2300（cm^3/人）	35
森林面积	30 590.41（万公顷）	5.0	0.23（公顷/人）	25

数据来源：中国统计年鉴（2011）和国际统计年鉴（2011，2012）

2.5.2　生态资源限制因子

2011 年环境可持续指数（ESI）显示，中国在全球的 144 个国家中排名 133 位，成为了环境承载力严重超载的国家之一。目前，中国全国范围内污染排放和资源开发都超过了环境承载能力，环境污染严重，尤其是废弃物的总数量已经超越了环境的自我净化能力；城市空气的污染极度危害了民众的身体健康；工业垃圾、城市废弃物在不断地增多，非有害化处理设备落后；生态破坏持续加剧，土地沙化和草原退化在加速；森林逐渐丧失生态作用；河流开发和使用的程度严重超标，致使河流的生态能力失去平衡。

2.5.3 能源限制因子

中国经济已经进入重化工业时期。自 2002 年起，中国经济进入了新一轮高增长时期，同时表现出了日益显著的重化工业特征，重化工业占工业增加值的比例逐年提高并且超过了 70%，其能源耗费占工业能源总耗费的 82%。特别是这类企业的形成机制主要归因于我国产业结构升级和产业结构调整、城市化进程加快和基础设施建设投入增加等因素。这类企业在 GDP 中所占比例较大，对经济增长起着决定性的作用，对能源的需求可能比其他行业要高。如果这类企业领域能效水平没有大的提高，经济增长将对能源供应形成较大依赖（表 2-4）。

表 2-4　中国工业主要的能源资源状况（2010）

能源总类	消费状况	工业消费量	工业消费比重（%）
能源消费总量（万 tce）	324 939	180 595.97	58.99
煤炭消费总量（万 t）	295 833.08	112 005.84	37.86
焦炭消费量（万 t）	31 849.97	31 572.03	99.12
原油消费量（万 t）	38 128.59	36 891.89	96.76
汽油消费量（万 t）	6 172.69	571.16	9.25
煤油消费量（万 t）	1 439.41	27.28	1.90
柴油消费量（万 t）	13 756.64	1 596.84	11.61
燃料油消费量（万 t）	2 827.80	1 268.49	44.86
天然气消费量（万 t）	895.20	321.14	35.87
电力消费量（亿 kW·h）	37 032.14	19 685.98	53.16

数据来源：中国统计年鉴（2011）

我国虽然是世界最重要的加工制造基地，但由于我国在国际分工中处在低端位置，形成了进口多为高附加值产品和服务而出口多为一般企业产品的国际贸易结构。单位价值的进口与单位价值的出口消耗能源不同，事实上造成了国际间能源需求的转移。在这种进出口结构下，随着进出口量的增加，能源需求向我国转移的趋势在短期内将难以改变。

我国能源问题已经成为国民经济发展的战略问题，从国家安全角度看，能源资源的稳定供应始终是一个国家，特别是依赖进口的国家，关注的焦点，是国家安全的核心内容。随着我国工业化、城市化进程的加快以及居民消费结构的升级，石油、天然气等清洁高效能源在未来我国能源消费结构中将会占据越来越重要的地位。预计 2020 年我国石油消费量将会达到 6.2 亿 t，对外依存度将超过 70%，如果达到 4.5 亿 t，对外依存度也将超过 60%，呈现供需缺口越来越大的趋势。并且今后一二十年，我国的工业化仍然主要依靠重化工业支撑，能源需求还将会保持高速增长。

2.5.4　限制因子成因分析

在我国企业发展初期，自然资源与生态资源较为丰富，消费市场的大小是其发展的限制因子；随着市场经济的发展，大量的企业占据相近的资源生态位，在某个维度的资源利用曲线的重叠度很大，竞争非常激烈。这种无序竞争造成资源的大量浪费和对环境的极大污染。在资源消耗规模和污染量不断扩大的同时，资源与环境的制约问题也逐渐显现。

总的来说，我国企业面临的资源与环境的制约，是由多方面因素共同作用的结果：

1）企业的高速发展，消耗了大量的资源，排放了大量的污染物；

2）资源与环境的承载量是有限的，存在一定的生态阈值；

3）企业间的无序竞争造成了资源的浪费；

4）科学技术落后，使得资源利用效率低下；

5）缺少促进环境友好型，资源节约型企业发展的政策环境。

2.6　生态容量对企业发展的制约作用模型分析

企业种群要在当前所占据的生态位进行发展，生态容量是制约其发展的主要因素。本节将借助生态学中的种群增长模型来研究生态容量对于企业种群发展的限制作用。

2.6.1　种群增长模型

种群的增长一般是制约型增长，即种群在有限的空间中增长，自然种群不可能长期地按几何级数增长。种群在有限环境条件下的增长被称为是逻辑斯蒂增长（logistics growth），见图 2-2。逻辑斯蒂模型为

$$\mathrm{d}x/\mathrm{d}t=rx（1-x/K）\tag{2-1}$$

式中，$\mathrm{d}x/\mathrm{d}t$ 为种群增长速率（单位时间个体数量的改变）x 指种群的大小，t 为时间，r 指内禀增长率，K 为生态容量。

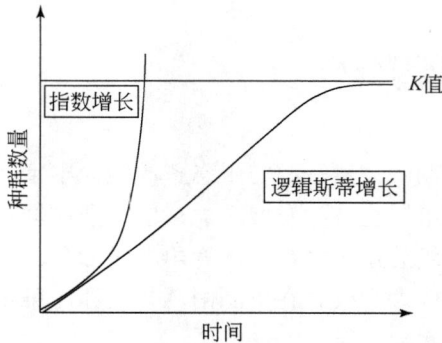

图 2-2　种群增长模型

在种群增长早期阶段，种群大小 x 很小，x/K 值也很小，因此 x/K 接近于 0，所以抑制效应可忽略不计，种群增长实质上为 $r*x$，呈几何增长。然而，当 x 变大时，抑制效应增高，直到当 $x=K$ 时，$1-（x/K）$ 等于 0，这时种群的增长为零，种群达到了一个稳定的大小不变的平衡状态。据此对 x，K 的关系有如下讨论：

1）$x \ll K$，空间尚未被利用，种群接近于指数增长，或种群潜在的最大增长能力能够充分地实现；

2）$x < K$，种群继续增长，但是同时增长空间缩小；

3）$x \approx K/2$，种群有最大相对增长率；

4）$x \approx K$，空间几乎全部被利用，种群增长的最大潜在能力不能实现；

5）$x > K$，空间负债，种群规模缩小。

可见，当 $x \rightarrow K$ 时，种群增长的"剩余空间"逐渐缩小，并且种群数量每增

加一个个体，这种抑制效应就增加 $1/K$。

2.6.2　企业种群资源消耗规模的 Logistic 模型

对于企业种群而言，它的增长就意味着资源消耗的增长。因此，资源消耗的规律也可以用种群增长 Logistic 模型进行分析。

（1）企业种群资源消耗规模 Malthusian 模型

按照 Malthusian 模型，$\dfrac{\mathrm{d}x(t)}{\mathrm{d}t}=\mathrm{a}x(t)$，a 为常数。$x(t)$ 表示企业种群在时刻 t 时企业种群资源消耗规模，它在时间 t 的增长为 $\dfrac{\mathrm{d}x(t)}{\mathrm{d}t}$，其解为 $x(t)=x(0)\mathrm{e}^{at}$。其假设前提条件是在短时期内，资源是无限的。

令 a=0.5，tspan=[0:50]，$x(0)$=[0:5]，仿真结果如图 2-3 可知，资源无限充裕的情况下，企业种群资源消耗规模无限增长，并且增长速度很快。

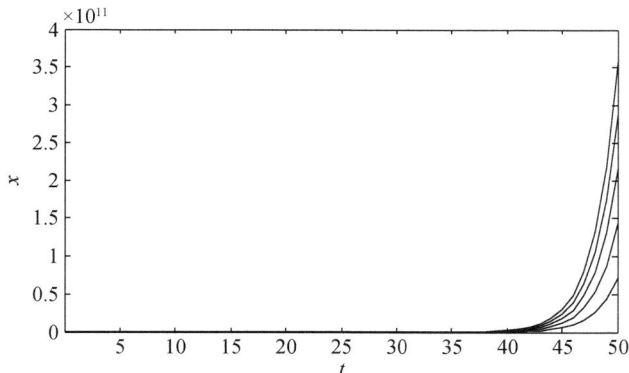

图 2-3　Malthusian 增长示意图

Malthusian 增长模型表示在短时间内，资源相当充裕的情况下，企业种群资源消耗规模迅速扩大，这与我国改革开放初期企业的发展情况相当吻合。

（2）企业种群资源消耗规模 Logistic 模型

但近些年来，由于资源消耗规模增长迅速，导致资源日益稀缺，环境污染不断加剧，我国企业面临着前所未有的资源与环境约束问题。因此，在原有模型基础上加入约束条件，表示资源的有限容量，来反映出资源容量对资源消耗规模增长的限制。r 表示内禀增长率，不受各种外界环境、资源的制约（张柄根，1990）。K 表示生态容量，直接影响企业种群资源消耗规模的增长速度和极限。

企业在发展初期不存在资源压力，但随着种群规模的扩大，对资源的需求量不断增大。种群在发展过程中开始关注资源稀缺问题，引入资源有限性的 Malthusian 增长模型变为 Logistic 模型：

$$x' = rx(1 - x / K) \tag{2-2}$$

模型表示当资源消耗规模 x 较小时，不存在资源限制；但当规模 x 变大时，会受到有限资源的约束，x 值会越来越接近一个稳定值 $x^* = K$，K 是容纳量，即自然资源对种群发展所能提供资源的极限。r 是内禀增长率，即在不受资源约束时，资源消耗规模的正常发展速度。

为了对方程进行求解，首先分离变量：

$$\left(\frac{1}{x} + \frac{1}{K - x} \right) \mathrm{d}x = r\mathrm{d}t \tag{2-3}$$

从 0 到 t 积分此方程，记 $x(0) = x_0$，得

$$\ln \left(\frac{x}{K - x} \cdot \frac{K - x_0}{x_0} \right) = rt \tag{2-4}$$

或两边取指数后变为

$$\frac{x}{K - x} \cdot \frac{K - x_0}{x_0} = \mathrm{e}^{rt} \tag{2-5}$$

解出 x，得

$$x^* = \frac{Kx_0 \mathrm{e}^{rt}}{K - x_0 + x_0 \mathrm{e}^{rt}} \tag{2-6}$$

利用 Matlab 软件绘制 Logistic 模型解析解的图像。

令自然资源容纳量 $K = 100$，内禀增长率 $r = 0.5$，分别取初值 $x(0) = 30, 50, 80$，执行程序后得出图像如图 2-4 所示。

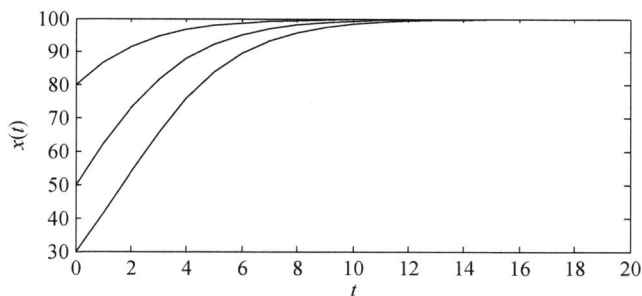

图 2-4　企业种群资源消耗规模 Logistic 增长示意图

1）当 $x(0)=x_0<K$ 时，表示随着企业种群的日益发展，其资源消耗规模也逐渐扩大，其发展会沿着图 2-4 的轨迹运行，并且最终无限接近 K 值，体现出自然资源对企业种群发展的约束作用。

2）当企业种群资源消耗规模单调增长趋于 K 值，且 $x_0<\dfrac{K}{2}$ 时，增长曲线在 $x=\dfrac{K}{2}$ 时有一个拐点。表明企业种群在发展初期，对自然资源的使用量呈递增趋势，在此过程中，采掘、生产、废弃物排放等等都会急剧增加，环境污染不断扩大，人们的生活水平在物质丰富的同时，也面临着品质的下降。

3）当 $\dfrac{K}{2}<x<K$ 时，资源稀缺性问题日益突出，导致发展速度减缓。由于人们在满足物质需求的同时，更加关注生活质量及所处的自然环境。有必要对企业从观念、社会责任、政策引导等方面进行限制，促使企业种群减少自然资源摄取量。

4）从生态学的角度出发，方程的最终平衡点是 $x=K$，企业种群会将自然资源全部消耗，同时印证了"宇宙飞船理论"——在经济增长的盲目驱使下人类对地球无限制掠夺，最终毁灭了自己的家园，引发了人们对主流经济增长理论的反思。

令自然资源容纳量 $K=100$，内禀增长率 $r=0.3$，0.5，0.8，分别取初值 $x(0)=30$，执行程序后得出图像如图 2-5 所示。

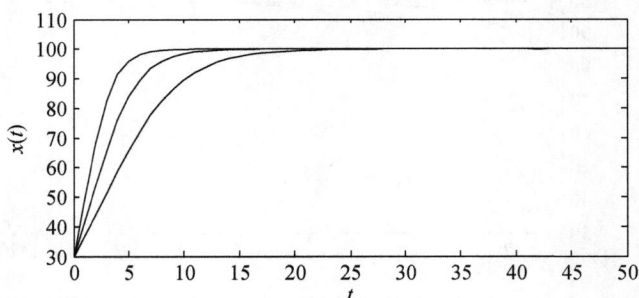

图 2-5　企业种群 Logistic 增长示意图（r=0.3，0.5，0.8）

从图 2-5 可知，当初值不变时，内禀增长率 r 会使曲线发生变化，其值越大，企业种群利用资源规模越大，越快达到自然资源的最大容纳量。因此，应该尽量降低企业种群资源消耗规模的内禀增长率，实现人与自然的和谐共存。

在企业种群资源消耗规模 Logistic 模型中，内禀增长率 r 值对模型有显著影响。r 值越接近于 0，则企业种群资源消耗规模的增长越稳定，资源需求量将会保持在一定水平；r 值越接近于 1，则企业种群资源消耗规模增长速度越快，资源需求量急剧增加的后果是资源紧缺、环境污染、生态恶化等问题。

按照上述分析可以看出，实现企业的可持续发展，即企业种群的可持续增长的关键是防止资源消耗的规模接近或突破阈值，即生态容量 K 值，防止资源消耗殆尽。如果达到 K 值，也就意味着企业随着资源的消耗殆尽而崩溃。

但区别于生物界的是，企业的资源 K 值会随着科学技术的发展而有所改变。企业一方面可以通过提高资源的利用效率，以实现在保证发展的情况下，减少资源的使用量，通过降低绝对增长率 r 值，来相对的扩大 K 值；另一方面，可以通过开发替代性资源来扩大 K 值的绝对值。

2.7　应对途径分析

资源和环境因子的限制无疑是我国企业发展的一个重要维度。本节主要从这一维度进行分析，对企业的应对途径，即扩大生态容量提出以下看法。

1）对于自然生态系统而言，每一种生物的生态容量都是固定的，而人工生态系统则不同，企业物种可以发挥自身的主动性，通过生态位的改变，改变自身生态容量，更重要的是可以通过技术创新来创造生态容量。例如，企业可以通过利用自身的废弃物开发副产品，不断延长产业链，变废为宝，扩大产品生态位，提高资源利用率，减少污染物的产生。

2）根据各因子间存在的补偿作用，当某些生态因子不足，对生物生长形成影响时，与它作用相近的其他生态因子，可以发挥补偿作用，来减少其影响。例如，可以通过开发可再生资源补偿不可再生资源的不足。

3）在企业生态系统中存在着广泛的协同进化规律，例如各企业种群之间的协作与发展，不同种群企业间的协同进化，企业与环境的协同进化等。利用生物界广泛存在的共生原理，构建生态工业园区，不同的企业间互相利用废弃物，减少整体的资源输入和废弃物排放。

4）根据组织的形式可以由环境进行选择和淘汰的规律，构建适合资源节约型企业发展的政策环境来促进企业的可持续发展。

2.8　相 关 理 论

本书在以企业生态理论为基本理论指导开展的关于企业资源与环境问题应对研究的过程中，还将与本书研究问题相关的种群生态理论、生态经济理论、工业共生理论、技术创新理论、清洁生产理论、循环经济理论等作为开展研究工作的基础理论。

以上相关理论分别从不同的切入点，分析研究了资源、环境和社会经济活动相互作用的关系、过程、结果及产生的正面、负面的影响，并分别从不同角度启示人类在经济活动的过程中如何尊重自然规律，用科学的态度看待和处理经济发展与资源环境的关系，启发人们科学地探索寻求既有利于满足人类生存发展的需求，又有利于自然资源和生态环境永续利用的经济发展方式，并找出处理好两者关系的平衡点，进而提出应对良策，破解资源环境难题，帮助企业突破瓶颈制约，走上科学发展的坦途。

2.8.1　组织生态理论

组织生态理论发端于 20 世纪 70 年代，其代表人物是迈克尔·汉南（Michael Hannan）和约翰·弗里曼（John Freeman），他们认为组织种群的演化取决于组织对生存环境的选择以及对外界环境的适应。技术进步和制度变迁是影响环境变化的两个主要因素。他们结合生物进化理论和生态学，提出了组织的"适应性理论"和"组织种群"的概念；在组织种群层面进一步提出"组织生态位理论"，种群增长模型和种群竞争模型等。企业生态理论重点探讨组织种群的创造、成长及死亡的过程及其与环境转变的关系（梁磊和邢欣，2003）。

组织生态理论主要研究组织的行为以及环境对组织的影响，关注点是组织的发展过程，而不是发展结果，且更加注重研究组织与其生存环境的关系。其研究方法主要是借鉴生态学的思想，同时引入了其他相关学科的模型、概念和方法。

企业组织作为社会生活中活的生命体，它是社会生态系统的产物，它的生存与发展在于对环境的适应。但是，企业的生命形态及其与环境的关系又具有许多与自然界不同的特点。对于自然生物体，组成它的要素和结构相对稳定。而企业则不同，企业是由有独立意识和个人偏好的人组成，他们具有个人利益和流动性偏好，这决定了企业内部具有不稳定性。企业对环境的适应，不但是适应环境，而且还力图改造环境，使之向有利于自身的方向转变。企业的进化是适应和改造环境的主动行为。

随着组织生态学的进一步发展，其理论体系也逐步完善，形成了企业生命理论，组织生命周期理论以及企业生态系统理论等多个理论。

（1）企业生命理论

该理论认为，企业可以被视为一个生命体，具有与自然生命体相类似的生命特征：有新陈代谢、繁殖、自我修复等功能；存在出生、成长、死亡等生命现象；企业之间表现出竞争、捕食、寄生、共生的关系；具有物种、种群、群落等形态；按照优胜劣汰的规律进行进化。

徐艳梅（2004）总结了企业组织的一些生命特征。

1）组织中的企业及员工可以独立开展活动，包括独立采访获取信息和资源。

2）组织把资源和能源的消耗，转化为产品和服务，同时也产生废物。运营商的资本组织、技术、信息、人才等生产要素，通过一系列的物理和化学转化，形成新的市场材料，同时，商业组织的剩余能量和残余物（固体、气体、液体）被排出到周围环境中。

3）组织具有繁殖功能，该功能与生物组织相比，虽然相似但是不尽相同。一些组织是由一个单一的机构派生而来的，如大型企业的发展，在一定程度上自行完成，得出一个附属公司。而有些企业组织的繁殖不是由一个单一的机构来完成，而是由专门的外部机构来承担，如一些利益共同体结合而产生的新组织。

4）组织对其外部环境，如资源的可用性、潜在客户、竞争对手、价格、政府的政策等有良好的应激能力，可以根据环境变化及时地做出反应和响应。

5）企业组织有不同的成长阶段。该成长阶段的规律性与生物组织不同，从组织的成立之日，到其从市场上撤出为止，实际上是经历了不同的阶段，而每个阶段的生活力和抵御风险的能力在每个阶段的都有不同的灵活性和控制能力。

6）企业组织的生命是有限的。从理论上讲，组织的生命是无限的，但是在现实中，大多数的组织都有一定的寿命。但是有些企业组织能够凭借其稀有性而长期存在。

（2）组织生命周期理论

像生物体一样，任何组织都会经历一个由出生到死亡，由强盛到衰落的过程。这一理论提出，组织的灵活性和可控性这两个要素决定了组织生命的健康状况，决定了组织在从成长到老化的过程中所处的位置。

由于灵活性和可控性以及环境的不确定性的存在，企业组织存在着早夭、早衰、意外死亡、长寿等生命现象。

自 1990 年以来，企业生命周期理论成为一个流行的管理理论。这一理论的核心的观点是：企业从生到死，由盛转衰的过程跟生物机体一样（梁嘉骅等，2005）。美国哈佛大学教授 Larry（1972）在《组织成长的演变和变革》中，第一次引入企业生命周期的概念。其后，美国学者 Ichak（1989）在著作《企业生命周期》中，明确了生命周期的概念。企业通过灵活性和可控性这两大因素之间的关系来表现其同生物体一样成长与老化。

企业的生命周期理论，分为不同的阶段，但是每个企业的成长不一定经历每一个阶段。有的企业刚步入成长阶段，就由于经营不善提前步入了衰亡期，这是很普遍的现象。因此，企业的生命周期长短不一，经历的阶段也不尽相同。据美国权威杂志《财富》的数据统计，美国仅有 38％的企业生命长于 5 年，能够生存 50 年的公司凤毛麟角，中小型企业的平均存活年限不到 7 年，大型企业的平均寿命不足 40 年，一般的跨国公司的平均寿命为 10～12 年，全球 500 强企业的平均寿命为 40～42 年（梁嘉骅等，2005）。

管理学家 Arie de Geus 把公司分为"生命型企业"和"经济型企业"两大类。他认为生命型企业的生命力更强，该类企业具备如下两种基本素质。

1）周围环境非常敏感。这样的公司是一个开放的系统，环境的变化将不可避免地影响到他们的生存和发展。根据当地实际情况，维持与周围环境的和谐，并抓住机会发展自己，应对并利用环境的变化，成为该类企业长寿的一个原因。

2）企业的凝聚力。即指一个企业的员工对其所在企业具有强烈的认同感。因为员工之间的关系不单单是合作关系，还是相互依存的关系。公司及其员工具有相同的价值取向。每一代管理人员都是企业代代传承的环节之一，实现了企业的持久不衰。

3）人文环境自由、宽松。在保持完整的前提下，宽容是指多元化和分散化。自由可以促进企业引入新人，在给企业带来新的血液的同时形成新的思想文化，有利于企业的生存和适应不断变化的环境（阿里·德赫斯，1998）。

（3）企业生态系统理论

Paul（1994）在他的《商业生态学：可持续发展的宣言》中第一次使用了生态系统来探索业务和环境问题之间的关系问题，强调要保护环境并创造一个可持续发展的商业模式，这不是一个管理问题而是设计问题。

李玉琼（2007）把企业生态系统中组织与环境的关系类比为自然生态学中生物与环境的关系，指出企业生态系统是企业外部环境，企业自身，相关机构和客户（消费者）和员工根据自己的核心竞争力和各自的互补优势，进行的物质、价值和信息的交流产生额外价值的复杂的经济群体。该系统是具有复杂性、开放性、动态性，协同进化的运作以及跨部门性质的自组织系统。

2.8.2 种群生态理论

种群（population）是指一定时空中同种个体的组合。在自然界中一个物种总是以种群的形式存在（梁嘉骅等，2005）。任何生物个体都难以单独生存下去，他们在一定空间内必须以一定的数量结合成群体。这是因为群体不仅是繁衍所必需的基本前提，而且也使每一个个体能够更好地适应环境的变化。

种群生态学是研究种群与环境之间相互关系的科学。研究的重点是种群的空间分布和数量动态的规律及其调节机制。它是研究现代生态学各层次间联种群结的纽带。种群生态学的研究目的是调控生物种群，为保护自然生态环境以及促进人类社会经济与自然环境的协调发展提供科学依据。

（1）种群生态理论基本内涵概述

种群生态理论认为自然生态系统结构由种群、生物群落和自然生态系统三个层次组成。种群是生物群落和自然生态系统三个层次构成中最基本的层次，因环境变化而产生的各种生物变化都会在这个层次上表现出来。了解并把握有关种群生态的基本特征和基本理论对于以生态工业园为载体，构建工业共生体，并以此为依托发展循环经济的企业生态系统，具有非常重要的理论研究价值和现实指导意义。

自然生态系统是由自养有机体（生产者）、异养有机体（消费者）、还原者（分解者），以及无机环境四种要素组合而成的有机整体。在自然生态系统内，这些组成要素之间，循环式地进行着物质与能量的交换传递过程。自然生态系统具有以下五个方面的基本特征：物质循环和能量流动的开放性；适应外界条件变化维护系统动态平衡的自我调节性；各要素间相互联系的相关性；相对稳定性；产生、发展、消亡周期的演化性。

自然生态系统的生物成分，以生产者、消费者和分解者的关系为载体，完成物质循环和能量流动的作用过程，用种群生物学的观点来具体描述就是环境中的有益的营养物质通过绿色植物吸收进入食物链，首先进入食草动物体内，一部分营养物质被吸收转化为食草动物身上的有机化合物，最终成为食肉动物的食物；另一部分则作为排泄物回归到环境中，经微生物分解转化，重新成为绿色植物的养分。而进入食肉动物体内的营养物质，一部分被吸收转化为食肉动物身上的有机化合物，最终又成为更强大食肉动物的食物；另一部分则以排泄物的形态被排出体外，回归到自然环境中，被微生物分解转化后，又作为营养元素被绿色植物吸收，从而进入下一轮物质循环活动之中。这种周而复始的物质能量吸收转化的循环运动，使整个自然生态系统处于生生不息的自然存在状态。

与"物竞天择、适者生存"的自然法则相吻合，种群生态系统也会在自我调节的功能作用下，不断演进以适应环境的变化。即种群只有与其生存休戚相关的气候、土壤、水质、地形等周围环境条件相适应，才能得以生存发展。只有生态系统内部，生物相互关联紧密或内部共生发达以及保持营养物质循环转化的能力提高，才具有较强的对外界干扰的抵抗力和低熵值，处于与外界环境和谐共存的状态之中。

（2）种群生态理论对工业生态系统的有益启示

受种群生态理论的启发，我们可以将企业类比为种群生态系统中的个体，其同类企业形成的产业就可被视为"种群"，则一定区域内的工业体系，就可称其为"生物群落"。依仿生学的原理，与自然生态系统相类比，一个合理的工业生态系统，应该是由资源开采供应者、资源加工利用者、产品消费享用者以及废旧物料回收处理者有机联系构建而成的工业共生体。在工业共生体系内部，由于集约化、再利用的循环流程，一个过程产生的废物料就会成为另一个过程的原材料。从而使物质和能量以完全循环的方式闭路运行，使整个企业种群由此实现资源利用最大化，废物排放最小化，经营绩效全优化。

根据自然生态系统中，生产者、消费者、分解者有机联系相互作用的分工机理，资源开采供应企业等同于生态系统中的生产者，处于产业链的上游位置，为下游企业提供初级原料和能源；而加工制造企业相当于生态系统中的消费者，把上游企业提供的初级资源加工制造成人们生产生活所需要的产品；处于产业链下游的回收处置企业，则负责把各种废弃物和上游企业产生的副产品进行再生资源化处理，或加工转化为别的工业产品。

作为工业生态理论研究领域的领军人物之一，Allenby（2005）认为自然生态系统进化历程可划分为三级生态系统状态：一级生态系统状态，有机生物数量很少，而可利用的资源相对无限，前者对后者的影响微不足道；二级生态系统状态，有机生物的不断进化、衍生、发展、生命体之间的相互依赖、物质能量的相互交换变的极为重要，由此引起的资源环境制约影响开始凸显；三级生态系统状态，众多的有机生命体，以生物链的形态，依托彼此的物质交换而循环往复、生生不息地生存。相对于自然生态系统的三级状态，人类的工业生产发展过程也可以划分为三个阶段：初级工业发展阶段，围绕人类生产生活进行的手工业作坊式的低级工业经济活动，对自然生态系统的影响微乎其微，原始的自然生态系统可供利用的资源被视为取之不尽、用之不竭；中级工业发展阶段，由于机械化工业生产的快速发展，使资源开采和废物排放的进出量明显受到资源储存量和环境生态容量的制约；高级工业发展阶段，由于受自然原生态资源和环境容量承载的极限制约，以生态工业园形式为载体的新型工业化组织开始普遍推行，生态化技术创新成果被大量推广应用，所有的工业生产活动都在整个生态系统中，以各自的循环方式运行，一个过程产生的废弃物成为另一个过程的有用资源，整个人类社会的生产、生活、生存方式都处于和谐共存、永续利用的循环状态之中。

2.8.3 生态经济理论

生态经济理论是一门从经济学角度研究由社会经济系统和自然生态系统复合而成的生态经济系统运动规律的科学。通过探索生态经济社会复合系统的规律为节约资源，保护环境和经济发展，提供理论指导和方法借鉴。

（1）生态经济理论的产生

可以说生态经济理论是西方发达国家在其经济发展实践过程中，学者们为解决经济发展遇到的资源环境问题而研究出的理论产物。

20 世纪初期，工业化发达的国家相继出现了八大公害事件。随后，在全球范围内相继出现了人口资源环境等一系列问题。处于理论研究前沿的学者们，开始对传统经济增长方式进行深刻的反思与探索。正是在这种背景下，生态经济理论才应运而生。美国学者鲍尔丁在《一门科学——生态经济学》中首次提出"生态经济学"的概念，并对人口控制、资源利用、环境污染等问题做了原创性研究。

而正式应用生态学理论研究社会经济问题的学者是美国海洋生物学家莱切卡尔逊（Rachel Carsen）。此后，国际上的学者们不断运用生态经济的理论视角从不同侧面研究社会经济问题，从而相继产生了公害经济学、污染经济学、环境经济学、资源经济学等一系列相关理论。最终，在这样的学术研究背景下，逐渐完善形成了一门新的边缘学科——生态经济学。

我国生态经济理论的研究起步较晚，在 20 世纪中后期才出现了许涤新主编的《生态经济学》、姜学民等编著的《生态经济学概论》、马传栋所著的《生态经济学》等学术研究作品。近年来，生态经济理论研究在我国有了较快的发展，研究成果层出不穷。

（2）生态经济理论的内涵

生态经济这一理论从新的视角，用新的方法探究生态与经济之间的关系。生态经济理论最基本的特征是把经济系统看做是生物圈里的一个子系统。生态经济理论力求将生态因素纳入经济学的分析框架中来，通过研究生态因素与经济现象的关系，寻求经济活动与经济变化的良性平衡，从而实现经济的可持续发展。

综合归纳国内外学者们的研究成果，生态经济理论的内涵可以概括为三个方面。

1）经济增长的方式应当是可持续的，对各种资源的利用必需充分考虑其永续性。

2）经济增长对资源的消耗和环境容量的占用必须控制在生态系统可承载的范围之内。

3）生态系统与经济系统这两个过去毫不相干的研究领域，通过物质、能量和信息等要素的联系，构建成一个生态经济复合系统。

生态经济理论正是从这一复合系统的角度为破解经济社会发展中所遇到的一

系列矛盾和难题提供理论依据和分析方法。

2.8.4 工业共生理论

（1）工业共生理论的起源与发展概述

工业共生理论的生成发展，经历了漫长的历史过程。它是多个学科逐步融合的产物，也是伴随着人类对社会科学领域、自然科学领域类似现象长期的观察研究，通过联想启发、演绎推导把具体现象抽象粹取，合成为一种多学科思维串联集成的想结晶体。可以认为，工业共生理论是那些善于观察、善于联想、善于提取、善于融合又善于集成的学者们，通过把萌生于自然科学领域的思想胚芽，移植到社会科学领域的思想土壤中，经历了漫长的发育生成过程，而形成的一门多学科交叉的新兴的边缘科学。

19 世纪 70 年代，德国生物科学家德贝利将"共生"定义为不同种属生活在一起形成共生关系的现象。它体现的是生物体之间的物质关系。德贝利关于"共生"概念的提出，为人类认识世界开启了一个新领域的大门，具有划时代的意义（胡晓鹏，2008）。

在德贝利提出"共生"概念后，一代又一代的学者们在不同的历史时期，不同的国度里，都围绕共生理论做出了有益的探索，并取得一系列卓有成效的研究结果（陈泳等，2005）。

苏联的科学家卡肯纳指出，19 世纪以来，苏联在进化方面所取得的杰出成就之一，就是在"共生起源"方面的成就，研究了共生引起的形态，生理变化的进化起源。

德国著名共生生物学家保罗·布克纳通过对两种不同物种参与者间，有规则的，且不受干扰的合作生活现象的研究，提出了"内共生"概念。他认为"动物和植物，微生物（细菌）间的内共生代表了一种补充性的广泛的机制，它能以多种方式提高宿主动物的存活可能性"。内共生概念的提出，使共生理论的发展历程又迈出了重要的一步。

美国哈佛大学的爱德华·威尔逊通过对昆虫、鸟类的研究，对群体共生现象作出了科学的归纳。他认为在自然生物中存在着群体寄生、群体偏利共生、群体互利共生三种现象。这一研究成果使共生理论研究具有了跨出生物学领域，成为多学科研究的思想方法的可能。因而这一成果具有非常深刻的社会意义，在共生理论的发展史上，具有里程碑的作用。

经历了近百年的研究发展，到了 20 世纪中期，随着共生理论研究的不断进步，以及社会科学的不断发展，共生理论的思想价值逐步引起了人类学家、生态学家、社会学家、经济学家、管理学家、乃至政治家的重视。起源于生物学领域的共生理论及其思想方法，开始被社会学家们运用到自己的研究领域，大大地拓展了共生理论的研究内涵。

工业共生理论从本源上说，就是效法自然生态系统而生成的一门新兴学科，可以说它萌生于自然科学领域而成熟于社会科学领域。工业共生理论认为，工业系统也像自然生态系统一样，企业实体之间可以建立物质互换利用的共生关系。企业之间的废弃物、水以及能源可以通过工业共生体的构建，在一个系统内循环流动，从而不断增加价值。因为发生在工业系统中的这种循环模式，就像自然系统中的生物圈结构一样，一个企业生产过程中产生的废弃物，可以成为另一个企业生产的原材料。这种资源循环利用的模式，有利于节约资源、保护环境，是从根本上实现经济环境和谐发展的共赢模式。这一模式的出现，是工业共生理论对新型工业发展做出的最大贡献（袁纯清，1998）。

（2）工业共生理论的实践价值及社会意义

工业共生理论的形成，既是社会文明发展的结果，又对社会文明的发展起到了积极的推动作用。在世界工业文明的发展进程中，工业共生理论已催生出中新型的工业发展模式，开始发挥其对实践的指导作用。工业共生理论在许多发达国家开始成为指导经济发展的重要思想。有的已取得了显著的实践效果，产生了积极的社会意义。

工业共生理论在工业经济领域得以实现的具体产业组织形式，就是在发达国家已开始尝试建立的生态工业园区。这是一种新型的工业经济系统组织形态。从获得成功的经典案例来看，生态工业园区是工业共生体生成发展的一种切实可行的载体。在世界范围内，最有影响力和示范价值的是丹麦的卡伦堡生态工业园。卡伦堡是一个居住人口只有 2 万人的小城市，却聚集着一个以发电厂、炼油厂、制药厂、石膏制版厂为核心企业并拥有十几个卫星企业的企业群落。这些企业之间通过副产品、废水、废气、废渣、余热等资源的相互交换，循环使用形成了一个互利共生的工业共生体。在这个工业共生体内，一个企业生产过程中产生的废物料或者剩余能源成为另一个企业的生产原材料。在这个物料不断循环的过程中，不仅使资源得到了最大限度的利用，同时也使废弃物的排放量实现了最小化，从而取得了经济共赢、环境可持续发展的良好局面。

进入 21 世纪以来，依托生态工业园区，构建工业共生体系，推进发展循环经济，也已成为我国传统工业经济实现转型发展的新型工业经济发展模式。这种新型工业经济发展模式，将引导我国工业经济真正走上可持续发展的现代工业文明之路。这就是工业共生理论在我国经济发展中所体现的重大实践价值和深远社会意义。

2.8.5　清洁生产理论

清洁生产理论（张路鑫等，2012）是由人类开始反思传统的工业发展方式带来的资源严重短缺、环境严重污染、经济发展受到严重制约、人类生存受到严重挑战等一系列问题后，逐步形成的经济发展的新思想、新理念，并在这种新的思想理念指导下，产生的一种新的具有可操作性的工业生产控制模式。

早在联合国有关机构对清洁生产做出定义之前，有些发达国家就开始按照形成清洁生产理论基本内涵的主要思想理念来规范工业组织的生产行为，仅仅是叫法不同而已。有的叫清洁技术，有的叫污染预防，有的叫废物最小化。国际上对清洁生产概念尚未统一定论，不同的学者或组织从各自的研究侧重发表着不同的表述。美国环境保护署（EPA）将其定义为"应用物质材料、生产工艺或操作技能在源头减少或消除污染物或废物的产生。它包括减少使用有害物质、能源、水或其他资源以及通过节约和更有效的利用保护自然资源的实践活动"（汪应洛和刘旭，1998）。联合国环境署（UNEP）给出的定义是比较有代表性的发声，"清洁生产是对生产过程、产品及服务不断采用的一体化预防性环境策略，它可以全面提高效率以及减少对人类与环境的危害"（钱易，2003）。

清洁生产理论的意义，既可以在微观层面体现于具体企业采取的预防污染措施上，又可在宏观层面上体现于整个社会的总体预防污染的发展战略上。在微观层面，清洁生产通过企业生产的具体措施、具体标准的实施，使清洁生产理念体现在材料选取、生产工艺选定、产品包装设计直至生产出清洁产品的各个环节上。在宏观层面，清洁生产理念的推行，贯穿于全社会工业总体布局、产业发展规划、经济结构调整、创新成果转化、科研投入考量等一系列重大决策上，从而使清洁生产理念贯穿于社会经济活动的全过程，让这一体现绿色文明的发展理念融于人们的生产生活之中。

总结以上所述，清洁生产理论研究的内涵主要包括三个方面。

1)在企业生产选取原料和能源的考量上。清洁生产要求企业在选取原材料时，原则上要做到尽量少用稀缺原材料、尽量不用有毒有害的原材料。在能源利用上尽量使用可再生能源，对现有能源应尽量采取清洁利用的新方法。

2）在企业生产所采用的生产工艺与技术装备的考量上。清洁生产理念要求企业尽量选取废物排放少，甚至无废物排放的先进工艺和先进技术装备。使企业的生产过程实现清洁生产全覆盖。

3）在企业对产品生命的全周期考量上。清洁生产要求企业要对其生产的产品，从性能设计到原材料使用、生产流程、出厂包装、产品使用过程中对人体和环境的影响，乃至产品使用寿命结束后作为废品的最终处置，都要进行考量，并依此做出减少资源使用和减少废物排放的最佳选择。

清洁生产体现了以预防为主的主题思想，传统的末端治理推行"先污染，后治理"，清洁生产则主张从产品设计开始到选择原料、工艺流程和设备、废物利用、运行管理等各个环节，都不断加强管理以及促进技术进步，提高自然资料利用效率，减少或消除污染物的产生。

传统的末端治理生产以牺牲自然环境为前提条件，大量资源被消耗，形成粗放型增长模式；而清洁生产则要求提高资源利用率，推进资源的循环利用，实现节能、降耗、减污、增效，从而实现经济效益与环境效益的协调发展。

2.8.6　循环经济理论

循环经济是近年来在发达国家中开始推行的一种有利于实现可持续发展的经济模式。发展循环经济的目的是为了减少资源的使用和污染的排放，以实现人类的可持续发展。而企业面临的资源与环境约束问题，则正是循环经济关注的焦点。因此，发展循环经济为解决企业资源与环境约束问题提供了思路。

回顾循环经济理论的发展形成过程，可以发现它发端于环境保护思潮兴起的时期，循环经济思想的早期代表是美国经济学家肯尼斯·鲍尔丁（Kenneth Ewert Boulding）。他受宇宙飞船的启发，提出了著名的"宇宙飞船理论"。他认为宇宙飞船是一个孤立无援的独立系统，靠不断消耗自身资源而存在。它最终必将会因资源耗尽而毁灭。要想延长宇宙飞船的寿命，就是要设法实现宇宙飞船内的资源循环。"宇宙飞船理论"的宝贵价值在于它启发人们：在人类社会的经济发展过程中，如果无节制地、不合理地、消耗资源和破坏环境，一旦超过了地球的承载极限，那么就会像宇宙飞船那样逐渐走向自我毁灭。所以人类应以"循环式经济"取代传统的"单程式经济"。

但是在 20 世纪中期，循环经济的思想萌芽还只是有先见之明的学者们的一种超前预言。即便是发达国家，当时所关注的也只是污染物产生之后，如何处理的问题。其环境保护的理念水准只局限于污染末端治理技术的开发研究和推广应用上。

直到 20 世纪后期，全球性的人口急剧膨胀、资源过度消耗、环境严重污染、自然灾害频发等现象，在人类面前凸显时，地球上的人们才犹如从梦中醒来。清醒地意识到无论哪个国家的资源都并非是取之不尽的，环境容量总有限度。这才开始注重采用资源化的方式处理经济活动中产生的废物。但这种环境保护的措施，也仍是局限于经济活动带来的生态环境污染的处置层面上。还没有从根本上，对经济运行模式本身进行探索研究，并提出相应的破解方法及可行途径。

从 20 世纪 90 年代开始，循环经济理论的概念才逐步清晰地形成。英国环境经济学家 Pearce 和 Turner 在 1990 年出版的《自然资源和环境经济学》一书中，首次提出"循环经济"一词，一种新的经济运行模式的概念由此形成（Stuart，2002）。

进入 21 世纪以来，在走可持续发展道路成为世界共识的大背景下，采用从源头预防到全过程治理的生态环境保护思路来取代污染末端治理的环境保护技术路线才真正成为我国环境与经济协调发展的战略性措施。由此可见，循环经济理论是伴随着人类对经济发展和环境保护问题认识的不断深化而生成发展并逐步完善成形的，可以说它是人类认识自然，并尊重自然规律，真正实现科学发展的一种理性回归的体现。

循环经济模式彻底改变了传统经济增长方式。传统的经济模式被定义为一个单向线性过程（图 2-6）。

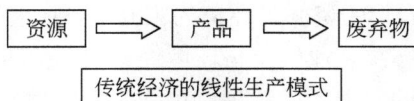

资源 ⟹ 产品 ⟹ 废弃物

传统经济的线性生产模式

图 2-6　传统经济模式的单向线性过程

循环经济模式被定义为一个反馈循环过程（图 2-7）。

资源 ⟹ 产品 ⟹ 废弃物 ⟹ 再生资源

循环经济的循环生产模式

图 2-7　循环经济模式的反馈循环过程

循环经济可以达到的目标包括最大限度地减少污染，物质资源利用的最大化，与此同时获得更多的社会和经济效益。循环经济应该遵守 3R 原则。

（1）减量化（Reduce）原则

属于输入端控制。在生产阶段，要求企业通过技术创新，不断改革旧的技术工艺，减少产品的原料使用量，来节约资源和减少排放；在消费阶段，鼓励消费者选择包装物较少的、耐用的、可循环的物品，而不是过度包装的或一次性的物品。

（2）再利用（Reuse）原则

属于过程性方法。目的是使产品及其包装能以初始的形式被多次或反复使用。对物品多次或多种方式地使用，使其能够不断回到经济循环活动中，从而尽可能地延长产品和包装物的利用时间，提高其资源利用率，避免过早地转化为废弃物，以减少资源消耗。

（3）资源化（Recycle）原则

属于输出端控制。目的是防止物品过早地被废弃，通过资源化技术，使得产品继续进入生产过程中并被使用，即我们通常所说的废品回收处置和加工再利用。资源化的途径有两种。第一种是原级资源化，即将废弃物转化为与原来相同的产品。例如，将废纸回收生产出再生纸，废玻璃生产出再生产玻璃等。这种途径由于生产过程中的能耗和物耗均较低而具有良好的经济和环境效益。第二种是次级资源化，即将废弃物转化为不同类型的新产品。这种途径不仅能实现资源共享的目的，而且可以节省资源，减少污染。

2.9　本 章 小 结

本章从企业的生命特征、生态位及其构成、企业种群、企业种群生态容量、企业生态系统等角度对本书研究的问题进行了分析，为本书提供了理论支撑。并且提出，我国企业面临的资源短缺与环境污染的问题是企业的生态容量限制问题。

企业的发展受到其生态容量的限制，存在着多个维度。而这个限制因子的形成又是多种因素共同作用的结果，包括资源本身的有限、无序的竞争、技术落后以及政策限制等。企业的生态容量扩大需要从技术创新、产业共生以及政策生态环境构建三方面以及企业种群内部，企业种群之间和企业生态系统三个层面进行考虑。

第3章 生态化技术创新对于生态容量影响分析

在自然生态系统中，生态容量是由自然环境决定的，通常较为稳定。而企业种群的生态容量，通常为一种动态的发展。随着企业种群自身的发展、技术水平的提高和外界环境的变化，生态容量也会相应地发生改变。在企业发展的早期，现代化的工业技术尚未被大规模的复制和应用，产品的制造周期较长，更新换代的频率较慢，大部分的产品制造都依赖于自然界中的原材料。在工业技术进步革新以后，社会化大生产取代了原有的简单再生产模式，产品制造的周期缩短、更新换代的速速提升，对于资源的需求演变成为一种掠夺发展的态势。市场的需求一直存在，并且在不断地增加，但是企业能够获得的原材料市场却正在缩小，二者之间的矛盾正是企业种群发展生态容量问题的关键所在。虽然自然资源在不断地减少，但是企业种群生态容量的问题并非无解。企业作为"自适应契约人"的自适应特点和不断创新的能力决定了通过技术创新创造生态容量是知识社会组织生态学的重要特点（梁嘉骅等，2005）。

基于前文的分析，企业种群的增长越来越受到其资源生态容量的制约，本书认为对这一问题的解决需要从种群内部，种群间以及企业生态环境等三个层面进行分析。本章将在种群内部这个层面对其进行分析，并结合生态化技术创新，就生态化技术创新在应对途径中的作用，即对于生态容量的相对值和绝对值的扩大作用进行研究。

3.1 生态化技术创新

技术创新一直以来都被视为实现经济增长的关键要素，但是从某种程度上说，正是现代科学技术的发展造成了突出的资源和环境问题，严重威胁到人类社会和自然的可持续发展。正是传统的社会发展观下的技术创新，造成了经济的片面发展，引发了一系列的社会和环境问题，使得企业的发展越来越受到资源与环境的约束，逐渐暴露出了经济利益与社会发展的不相适应（莱斯特·R·布朗，2003）。在这种背景下，符合循环经济生态化原则的生态化技术应运而生，这是一种兼顾了经济效益、社会效益与生态效益的全新的技术创新体系（Clark，1986）。

3.1.1　生态化技术创新的概念

技术创新生态化是生态化技术创新的另外一种含义。生态化技术创新是一种新型系统，是传统技术创新模式的生态学发展。这里的生态化包括了自然生态化、经济生态化和社会生态化三个方面。

生态化技术创新涉及技术和管理两个层次，有广义和狭义之分。

广义：管理层面的创新是生态技术化广义的创新。其含义就是把生态技术建立在生态和经济协调发展的模式下，使得企业的生产环境与经营活动相协调。其内容包括更好地维护经济关系和生态关系以及采取什么样的组织方式、如何合理组织经济生产力和生态生产力、合理利用资源以及保证生产力和生产关系相互协调发展等。

狭义：指技术创新本身，即微观技术（具体技术），包括生态农业技术、能源高效利用和节约技术、绿色建筑技术、绿色制造技术、资源综合利用技术等所有节约资源、避免或减少环境污染的技术创新，其核心思想都是怎样把排放到环境中的污染物量降到最低。

3.1.2　生态化技术的发展历程

生态化技术（ecological technology）的发展经历了一个从末端治理技术到清洁生产技术不断完善的过程。

伴随着工业经济的发展，环境问题逐渐开始凸现。20 世纪 60 年代，一些欧美发达国家相继制定了严格控制环境污染的法规，促进了企业和科研机构进行生态化技术的研究，生态化技术的最初形式——末端治理技术开始形成。末端治理是指在生产过程的末端，针对产生的污染物开发并实施有效的治理技术。末端治理技术实际上只是一种先污染后治理的技术形态，尽管这一末端方法可以减少工业废弃物向环境的排放量，并在环境污染控制上取得一定的成效，但是由于它们很少影响到核心工艺的变更，因而不能真正触及工业污染产生的根源。在环境污染不断加剧，乃至复杂的全球环境问题面前，末端治理在实践中愈来愈显露出它的局限性。

有鉴于此，1979 年 11 月在日内瓦举行的"在环境领域内进行国际合作的全欧高级会议"上，通过了《关于无废工艺和废料利用的宣言》（席德之，1990），指出"无废工艺"是使社会和自然取得和谐关系的战略方向和手段。但无废工艺只考虑生产工艺和生产过程，并没有考虑到产品设计等源头污染。

1990 年美国环保署公布了《污染预防法案》（Bishop，1999），将污染预防活动的对象从原先仅针对有害废物拓展到各种污染的产生排放活动，从法律上进一步强调污染应消除或削减在其生产之前。

同年 9 月在英国坎特伯雷举办了"首届促进清洁生产高级研讨会"正式推出了清洁生产的定义：清洁生产是指对工艺和产品不断运用综合性的预防战略，以减少其对人体和环境的风险。

1992 年 6 月联合国巴西环境与发展大会在推行可持续发展战略的《里约环境与发展宣言》中确认了"地球的整体性和相互依存性"，"环境保护工作应是发展进程中的一个整体组成部分"，"各国应当减少和消除不能持续的生产和消费方式"。为此，清洁生产被作为实施可持续发展战略的关键措施正式写入大会通过的实施可持续发展战略行动纲领《21 世纪议程》中。

综上所述，生态化技术的发展基本经历了末端治理技术—无废工艺—污染预防技术—清洁生产技术这样几个基本过程（表 3-1）。

表 3-1　生态化技术发展历程

名称	时间	特点
末端治理技术	20 世纪 60 年代	先污染后治理
无废工艺	1979 年	提高资源利用效率，削减污染物
污染预防技术	1990 年	污染预防的源头削减和再循环
清洁生产技术	1992 年	污染预防和持续改善

3.1.3　生态化技术创新的原则

生态化技术创新在技术操作层面把循环经济 3R 原则作为其指导性原则，其中每个 R 都是必要且相互关联的。

1）减量化原则（Reduce），属于输入端的措施，旨在减少生产和消费过程的物质投入量。同时尽可能减少浪费产生和资源消耗，提高资源利用效率和进行环境保护；

2）再利用原则（Reuse），是一个过程措施，目的是延长产品的服务年限。再利用原则强调重新使用、再生、回收翻新，以延长产品的使用年限，防止它们过早成为垃圾；

3）再循环原则（Recycle），属于输出端的措施，其目标是把废弃物转化为可用资源，以减少废物最终处置量。

3.1.4　生态化技术创新与传统技术创新的区别

生态化技术创新与传统技术创新有很大的不同。经济增长是传统技术创新关注的唯一目标，企业利益最大化是传统技术创新的核心目的。而生态化技术创新在关注经济增长的同时，同样关注环境保护和资源节约。生态化技术体现的是"节能，环保，循环和少废"的理念，在企业的经济利益最大化的同时，环境资源也得到了有效保护（Paul，2001）。

在传统经济中，技术创新的某些方面与可持续发展是相冲突的，它们的着眼点主要是实现经济效益，而非整个社会的可持续发展（唐奈勒·H·梅多斯等，2001）。传统的技术创新活动在推动经济发展的同时，其负面影响也暴露出来。而生态化技术创新是以生态、经济、社会三方面的效益为目标的多目标创新。

在传统技术创新中，对环境的污染和资源的消耗不作为测度指标和投入产出比，不计入成本。在新的生态化技术创新的测量标准体系中，不仅仅要考虑经济效益，还要考虑生态效益和社会效益（表 3-2）。

表 3-2　生态化技术创新与传统技术创新的区别

	传统技术创新	生态化技术创新
目标	经济利益	经济、社会和生态环境和谐发展
内容	从生产到消费	生产—消费—回收
模式	线性	循环
评价指标	投入产出比	经济效益和生态效益兼顾

全程生态化是生态化技术创新过程的实质。在原材料的选择上首先考虑采用无污染，可再生，损耗低，易于再利用，可回收，易降解，容易取材的材料，对产品进行生态设计；其次，在生产过程中控制污染的产生；最后，产品使用寿命终止时，产品要利于拆解回收，尽量做到可循环利用，避免过早地成为垃圾。

3.1.5　生态化技术创新的特征

生态化技术创新具有如下特征。

（1）开发新资源，减量化使用传统资源

一方面随着科学技术的进步，人类对于物质性质的掌握也不断地深入，从而使得新材料层出不穷，这些新型材料，可以在一定程度上代替传统资源发挥作用；另外一方面，随着资源利用效率的不断提高，相同的资源输入可以有更多的产出，从而实现资源使用的减量化。

（2）有效保护环境

在传统经济模式下，通过末端治理的方式，进行环境保护，但往往在保护的同时，产生更大的污染。人类逐渐意识到，只有从源头上进行控制才是有效的。生态化技术创新就是基于这一理念，通过采用无害化生产工艺，实现了生产源头的低消耗和少污染。

（3）全生命周期管理

区别于传统生产过程的资源—产品—废弃物的线性生产过程，生态化技术创新更加注重从废弃物到再生资源，从输出端重新回到输入端的循环经济模式，对产品进行从设计，生产，消费到回收处理的全生命周期管理。

（4）更高的投入产出比

在资源日益短缺，价格不断上涨，政府污染处罚力度逐渐增强的情况下，生态化技术的资源消耗低，污染排放少的优势逐渐转化为更高的投入产出比。

（5）有利于经济的可持续发展

我国的经济增长，尤其是企业的可持续发展受到了资源与环境的严重制约。

而生态化技术创新所具有的减少资源使用量，注重开发新型材料，降低污染排放的特性，将会有利于经济的可持续发展。

（6）促进社会和谐发展

生态化技术创新充分考虑了经济，社会，生态环境三方面的利益，实现了三者的协调发展。

3.2　生态化技术创新对于生态容量的相对扩大作用分析

生物的生态容量是由自然环境所决定的，但是企业的生态容量是可以通过技术创新来创造的。通过技术创新来扩大生态容量是知识社会组织生态学的一个重要内容，尤其是生态化技术创新的出现，无疑将会是企业种群的生态容量扩大的主要途径。

3.2.1　生态化技术创新对企业种群资源消耗规模影响的 Logistic 模型

通过符合 3R 原则的生态化技术创新来提高资源的利用效率，创造生态容量，扩大 K 值，将在一定程度上改变企业种群资源消耗规模与资源之间的单调曲线关系。

本书将把 3R 技术影响引入模型，对其对于资源消耗规模发展的影响进行分析。发展 3R 技术可以减少资源的使用量和减少污染。3R 率的值越大，则资源使用量和环境污染就越小。在企业种群资源消耗规模 Logistic 模型中，x 代表着资源消耗主体的规模；x 值越大，资源消耗量越大；$\dfrac{\mathrm{d}x(t)}{\mathrm{d}t}$ 代表资源消耗的绝对增长率，其数值越大，资源消耗量也就越大。而发展 3R 技术，就是为了降低资源消耗的绝对增长率。

设 h 为企业种群 3R 率，则原有的 Logistic 模型改变为食饵捕食模型：

$$\frac{\mathrm{d}x}{\mathrm{d}t} = rx(1-x/K) - h \tag{3-1}$$

其中 $\dfrac{dx(t)}{dt}$ 表示资源消耗主体规模的绝对增长率，K 表示生态容量，h 表示 3R 率。h 值越大，资源消耗主体规模的绝对增长率就越小。

在不考虑 3R 技术影响时，资源消耗主体规模的发展受到绝对增长率 $\dfrac{dx(t)}{dt}$ 的影响：

$$\max_t \frac{dx}{dt} = \max_{x>0} rx(1-x/K) = \frac{1}{4}rK \tag{3-2}$$

考虑 3R 技术影响时：

1）若 $\dfrac{1}{4}rK > h$ 时，则

$$\frac{dx}{dt} = rx(1-x/K) - h \geqslant \frac{1}{4}rK - h > 0 \tag{3-3}$$

企业种群资源消耗规模不断扩大，但企业的生态化技术创新发展不够，最终企业种群将由于资源枯竭而消失，其速度不低于 $\dfrac{1}{4}rK - h$。设企业最初规模为 x_0，则该企业种群在时间间隔 $x_0 / \left(\dfrac{1}{4}rK - h \right)$ 内将会消失。设种群消失时间为 T，即 $x(T)=0$。

$$\frac{dx_2}{d_*^*} = rx_2 \left(1 - \frac{x_2}{k_2 + Bx_1} \right) \tag{3-4}$$

分离变量，得

$$\frac{dx}{(x-K/2)^2 + Kh/r - K^2/4} = -\frac{r}{K}dt \tag{3-5}$$

从 0 到 T 积分上式，得

$$-\frac{r}{K}T = \int_{x_0}^{0} \frac{dx}{(x-K/2)^2 + Kh/r - K^2/4} \tag{3-6}$$

$$= \frac{1}{\sqrt{Kh/r - K^2/4}} \text{arctg} \frac{x-K/2}{\sqrt{Kh/r - K^2/4}} \Bigg|_{x_0}^{0}$$

设 $H = \sqrt{4h/rK - 1}$，可得

$$T = \frac{2}{rH} \left(\text{arctg} \frac{1}{H} + \text{arctg} \frac{2x_0/K - 1}{H} \right) \tag{3-7}$$

2）若 $h = \dfrac{1}{4}rK$，且 $x_0 < K/2$ 时，则

$$\frac{\mathrm{d}x}{\mathrm{d}t} = rx(1 - x/K) - h = rx(1 - x/K) - \frac{1}{4}rK = -\frac{r}{K}\left(x - \frac{K}{2}\right)^2 < 0 \qquad (3\text{-}8)$$

设企业种群消失时间为 T_1，即 $x(T_1)=0$。对方程 $x' = -\dfrac{r}{K}\left(x - \dfrac{K}{2}\right)^2$ 分离变量，

从 0 到 T_1 求积分，可得

$$-\frac{r}{K}T_1 = \int_0^{T_1}\left(-\frac{r}{K}\right)\mathrm{d}t = \int_{x_0}^0 \frac{\mathrm{d}x}{(x - K/2)^2} = -\frac{1}{x - K/2}\bigg|_{x_0}^0 = \frac{2}{K} - \frac{1}{K/2 - x_0}$$

$$(3\text{-}9)$$

则企业种群消失时间为

$$T_1 = \frac{4x_0}{r(K - 2x_0)} \qquad (3\text{-}10)$$

3）若 $h = \dfrac{1}{4}rK$，且 $x_0 = K/2$ 时，则企业种群资源消耗规模不变。

4）若 $h = \dfrac{1}{4}rK$，且 $x_0 > K/2$ 时，则

$$\frac{\mathrm{d}x}{\mathrm{d}t} = -\frac{r}{K}\left(x - \frac{K}{2}\right)^2 < 0 \qquad (3\text{-}11)$$

分离变量并从 0 到 t 积分方程，得

$$\frac{r}{K}t = \frac{1}{x(t) - K/2} = \frac{1}{x_0 - K/2} \qquad (3\text{-}12)$$

或 $$x(t) - \frac{K}{2} = \frac{1}{\dfrac{r}{K}t + \dfrac{1}{x_0 - K/2}} \to 0 \qquad (3\text{-}13)$$

当 $t \to \infty$ 时，$\lim\limits_{t \to \infty} x(t) = \dfrac{K}{2}$，表示企业种群资源消耗规模最终趋于 $\dfrac{K}{2}$。

5）若 $\dfrac{1}{4}rK < h$，则

$$\frac{dx}{dt} = rx(1 - x / K) - h = -\frac{r}{K}(x - x_1)(x - x_2) \tag{3-14}$$

其中，$x_1 = \frac{K}{2} - \sqrt{\left(\frac{K}{2}\right)^2 - \frac{Kh}{r}}$，$x_2 = \frac{K}{2} + \sqrt{\left(\frac{K}{2}\right)^2 - \frac{Kh}{r}}$

若 $x_0 = x_1$ 或 x_2，则 $\frac{dx}{dt} \equiv C$，企业种群资源消耗规模保持不变，分别为

$x(t) \equiv x_1$ 或 $x(t) \equiv x_2$，若 $x_0 < x_1$，则 $x' \leqslant -\frac{r}{K}(x_1 - x_0)(x_2 - x_0) < 0$。

企业种群为了实现其健康、稳定发展的战略目标，需要努力降低种群资源消耗规模，保证 $h > \frac{1}{4}rK$。而如何提高企业种群的 3R 率——h 值，正是我们关注的焦点。

上述模型中 r 值需要进行全新解释。r 值可以分为两部分，固定增长率和基于 3R 技术下的增长率。r 值中的固定增长率部分，说明企业种群繁衍的自然属性；而基于 3R 技术下的 r 值则说明，由于 3R 技术对资源的重复利用克服了资源稀缺性，影响了企业种群资源消耗规模的增长率，体现出企业种群资源消耗规模增长的社会属性。

生态化技术创新是按照自然生态系统物质循环和能量流动规律来重新审视经济行为，形成了一种全新的生态经济，是通过生态学规律指导企业种群的经济活动。因此，将 3R 技术创新与原有模型有机结合，能够更加准确地把握企业种群资源消耗规模增长的影响因素。当外界环境固定不变，即资源在一定时期内固定不变时，通过 3R 技术创新对原有资源进行生态流程重组，形成"资源—产品—再生资源"的反馈式流程，实现低开采、高利用、低排放的目标，最终外界环境也会发生变化，在一定程度上扩大了生态容量的相对值，保证了企业种群的可持续发展。

3.2.2 基于时滞的企业种群资源消耗规模 Logistic 模型

在上述模型中分析了企业和群资源消耗规模问题与 3R 技术创新之间的关系，但在实际生活中，企业种群的繁衍需要一定的时间，3R 技术需要一定的研发和试行阶段，各方面都有一定的时间延迟。考虑到时滞因素后，方程进一步变为

$$\frac{dx(t)}{dt} = x(t)\exp\left[r - r\frac{x(t-T)}{k}\right] \tag{3-15}$$

其中 T 表示企业种群资源消耗规模与 3R 技术创新之间的时间延迟。利用泰勒（Taylor）展开可以将 $x(t-T)$ 展开成为

$$x(t-T) = \sum_n \frac{(-T)^n}{n!} \frac{\mathrm{d}^n}{\mathrm{d}t^n} x(t) = e^{-T\frac{\mathrm{d}x(t)}{\mathrm{d}t}} \qquad （3-16）$$

时滞问题作为生态学模型中的特殊因素，必须在分析企业种群、3R 技术创新时被考虑在内。新技术的研发和推广需要一定的时间，而企业种群对新技术的接受与使用也需要时间。

基于时滞的 Logistic 模型，进一步强调时滞对上述模型的潜在影响。生态化技术理念的树立与实施，替代性资源的研发与利用都需要考虑时滞因素。无论是企业生产模式的改变，还是政府政策的制定实施，都必须研究时间延迟对其带来的影响，尽可能与目标实现高度拟合，真正解决实际问题。

3.3 生态化技术创新对于生态容量的绝对扩大作用分析

企业的发展受到诸多资源容纳量的制约，其中不可再生资源的制约作用更为显著。也就是说，不可再生资源的减量化利用，是我国企业可持续发展的重要保证。一方面，不可再生资源是支撑企业发展的重要物质基础，另一方面，不可再生资源的生产和使用又是环境污染的主要来源，是制约企业发展的重要因素。为达到企业可持续发展的战略目标，必须积极探索一条既保证资源供应，又可节约不可再生资源和保护环境的新型发展之路（王家诚，2003）。这就需要积极发展替代性资源，以减少不可再生资源的使用量。

随着企业对不可再生资源的需求不断增加，以及科技发展进步和对物质性质认识的不断深化，人们开始寻找新的替代性资源来解决不可再生资源不足的问题。

3.3.1 企业种群与不可再生资源的 Logistic 模型

随着企业资源需求不断增加，传统不可再生资源逐渐枯竭，开采成本日益增高，对企业发展的制约作用日益凸显。

本节通过建立企业种群与不可再生资源的 Logistic 模型，将企业种群增长与

不可再生资源之间的矛盾进行定量化的描述。从生态学的角度来看，企业种群数量受到环境和资源等要素的制约，种群数量的演变是密度依赖的，可以使用种群增长的 Logistic 模型进行分析（徐学军等，2011）。

建立企业种群与资源 Logistic 模型：

$$x' = rx(1 - x/K) \qquad (3-17)$$

求解得：$x^* = \dfrac{Kx_0 e^{rt}}{K - x_0 + x_0 e^{rt}}$ $\qquad$ （3-18）

可以看出 Logistic 模型中企业种群的增长值接受到 K 值的影响，若企业种群初始值 $x(0) = x_0 < K$，则企业种群单调增长而且无限趋于 K 值。

利用 Matlab 软件绘制 Logistic 模型解析解的图像。令自然资源容纳量 $K=100$，内禀增长率 $r=0.5$，取初值 $x(0)=30$，执行程序后得图 3-1。

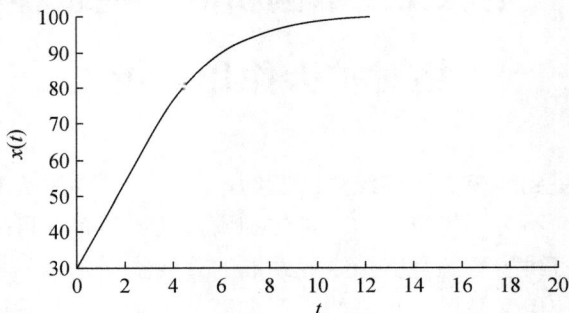

图 3-1　$x(0)=30$ 时的 Logistic 企业增长示意图

可以看出，企业种群增长在自然资源容纳量 K 的约束下，无限接近 K 值，说明企业种群增长与自然资源之间的制约关系。

3.3.2　替代性资源对于生态容量的影响

从对资源的开发和使用经验来看，替代性资源的开发，在一定程度上缓解了资源对企业种群增长的约束。

尽管传统不可再生资源，尤其是能源方面，如煤、石油、天然气以及大中型水电都存在耗竭危机，但新的替代性资源产业在一定程度上对整个不可再生资源供应系统起到了有效补充手段。通过推进替代性资源产业的良性发展，将极大满足企业种群对资源的需求。也就是说，K 值并不是固定值，而是在替代性资源产业影响下不断发生变化的变量。

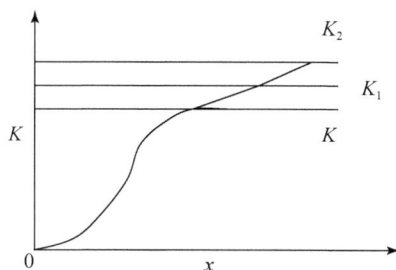

图 3-2　K 值在替代性资源影响下的变化情况

从图 3-2 可以看出，由于替代性资源对不可再生资源的替代效应，使企业种群与资源的 Logistic 模型一定程度上不受自然资源的限制。

综上所述，K 值是影响企业种群增长的限制因子，K 值本身依赖于环境，如资源、生态等。而资源包括替代性资源和不可再生资源，当不可再生资源被不断增加的企业种群消耗殆尽时，通过高新技术研发新的资源就成为时代发展的必然趋势。

替代性资源产业的升级促使容纳量 K 值不断发生变化，进一步影响到企业种群的资源生态容量，以及企业种群对传统不可再生资源的依赖。通过替代性资源的研发与使用可以有效地提高企业种群使用资源的总量。

3.4　本 章 小 结

本章运用 Logistic 模型，定量地分析了生态容量对于企业种群增长的限制作用，提出可以通过发展生态化技术创新作为应对途径，来扩大企业种群的生态容量。并且，针对生态化技术创新对于生态容量的相对和绝对扩大作用的影响分别建立了生态学模型，进行了定量化描述。通过分析可以看出，无论是提高资源的利用效率，还是开发替代性资源，都会对生态容纳量 K 值起到扩大的作用。

第 4 章　种群共生对于生态容量影响分析

企业在发展过程中，不但企业种群内部生态位重叠，而且不同相关种群间也会存在很大的资源生态位重叠，因此在不同的种群间也形成了竞争。这种竞争对企业种群的增长造成了抑制，使其生态容量被削减。本章利用生态学的原理，分析了竞争引起的抑制作用；并且根据生物间普遍存在的共生现象，分析了种群共生对于生态容量的扩大作用。

4.1　生态位竞争对种群增长的抑制作用分析

随着企业种群规模的不断扩张，企业逐渐发展成熟，其规模会逐步接近企业所能占领生态容量的饱和值；但是，因为物种间的互相竞争会限制种群的增长速度和增长规模，企业种群的实际生态容量会小于理论生态容量。

许多企业种群间都表现出了很强竞争的关系，它们的资源生态位的重叠度很高。以煤炭资源为例，焦炭、化工、钢材、煤气、发电、供热等都是煤炭消耗量巨大的行业，任何一个行业的煤炭消耗量都是对其他行业的资源容量的削减；同时，任何一个行业污染的排放，又是对其他行业生态环境容量的侵占，它们之间表现出很强的竞争性。

4.1.1　Lotka-Volterra 模型

为了更加直观的描绘出企业种群间的竞争对于其各自生态容量的影响，本书将利用 Lotka-Volterra 生态模型来分析竞争对种群增长产生的抑制作用。在自然生态学的协同演化研究中，Lotka-Volterra 模型（简称 L-V 模型）是研究种间协同演化的经典模型。它是由美国的阿弗雷德·洛特卡和意大利的维多·沃尔泰勒两位学者分别于 1925 年和 1926 年提出的。L-V 模型是对一个包含了竞争机制的扩散过程进行描述的系统。

假设两个互相竞争的种群 1 和 2，种群数量随时间 t 的增长率（或增长变量）可表示为如下方程（田亚品和陈斯养，2007）：

$$\frac{\mathrm{d}x_1}{\mathrm{d}t} = r_1 x_1 \left(1 - \frac{x_1}{K_1} - \frac{\alpha x_1}{K_2} \right) \tag{4-1}$$

$$\frac{\mathrm{d}x_2}{\mathrm{d}t} = r_2 x_2 \left(1 - \frac{x_2}{K_2} - \frac{\beta x_1}{K_2} \right) \tag{4-2}$$

其中，x_1, x_2 分别代表两个种群的数量，r_1, r_2 分别代表两个种群在单独生存时的最大增长率，K_1, K_2 分别代表两个种群在现有环境下的最大容纳量。α 和 β 为两个种群的相互竞争系数，α 表示种群 2 对种群 1 的竞争效应，β 表示种群 1 对种群 2 的竞争效应。观察 α 和 β 前面符号的正负可以判断两个物种间的竞争关系（见表 4-1）。

表 4-1　生态系统中两个物种间的关系

序号	关系类型	种群 1	种群 2	关系特点
1	共生关系	+	+	彼此相互有利
2	竞争关系	−	−	彼此相互抑制
3	捕食关系	+	−	种群 1 杀死或吃掉种群 2 的一些个体
4	中性关系	0	0	彼此互不影响
5	偏利关系	+	0	对种群 1 有利，对种群 2 无影响
6	偏害关系	−	0	对种群 1 有害，对种群 2 无影响

资料来源：尚玉昌.生态学概论.北京：北京大学出版社，2003：176.

Lotka-Volterra 模型在发展早期只应用于生态系统中物种竞争的研究，随后被引入经济领域，尤其是企业之间竞争关系的研究中。学者们认为其是解释企业间竞争关系较适合的模型。

4.1.2　基于 Lotka-Volterra 竞争模型的种群增长分析

假设 x_1、x_2 分别表示两个种群的规模；K_1、K_2 分别表示两个种群的环境容纳量；r_1、r_2 分别表示两个种群的规模增长率；t 为时间。

$$\frac{dx_1}{dt} = r_1 x_1 \left(1 - \frac{x_1}{K_1} - \frac{\alpha x_2}{K_2}\right)$$ （4-3）

$$\frac{dx_2}{dt} = r_2 x_2 \left(1 - \frac{x_2}{K_2} - \frac{\beta x_1}{K_2}\right)$$ （4-4）

其中，α 表示种群 2 对种群 1 的竞争系数，即每单位 x_2 使用了相当于 α 单位 x_1 所使用的自然资源；β 表示种群 1 对种群 2 的竞争系数，即每单位 x_1 使用了相当于 α 单位 x_2 所使用的自然资源。

当种群 1 的环境容纳量为 K_1 时，每单位产品对种群自身规模增长的抑制作用为 $1/K_1$；种群 2 每单位产品对种群自身规模增长的抑制作用为 $1/K_2$。

种群 2 中每单位产品对种群 1 规模增长的影响为 α/K_1；种群 1 中每单位产品对种群 2 规模增长的影响为 β/K_2。

1）令 $r_1=0.3$，$r_2=0.8$，$\alpha=0.3$，$\beta=0.8$，$K_1=100$，$K_2=100$，tspan=[0:100]，x_0=[1010]，则竞争模型解析图为图 4-1。

图 4-1（a）表示种群 1 和种群 2 由于相互竞争而导致各自的增长均低于生态容量的饱和值，种群 2 受到更严重的影响。

从图 4-1（b）可以看出，种群 1 与种群 2 在发展初期同时增长，但达到最高点后，种群 2 的增长率开始下降。

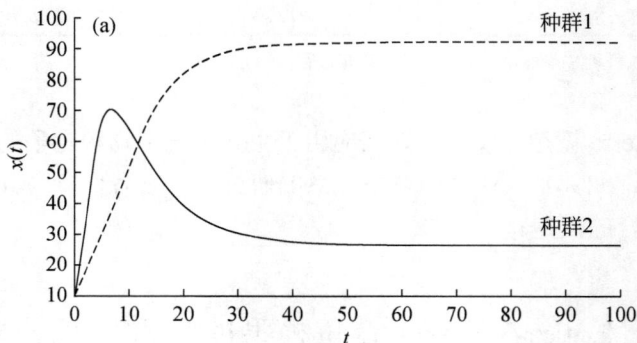

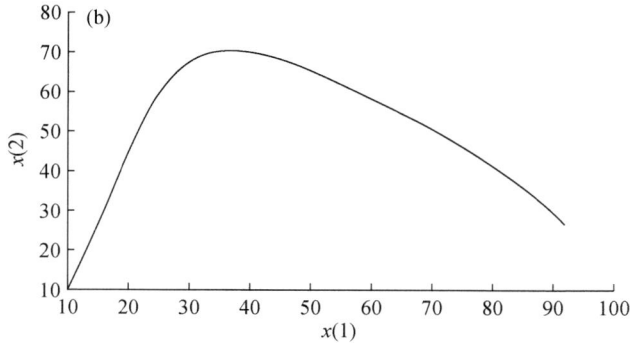

图 4-1 竞争模型解析图（情境 1）

2）令 $r_1=0.3$，$r_2=0.8$，$\alpha=0.3$，$\beta=0.5$，$K_1=100$，$K_2=100$，tspan=[0:100]，$x_0=[1010]$ 时，竞争模型解析图为

图 4-2（a）表示种群 1 和种群 2 的竞争系数相同，仅由于双方的规模增长率不同而导致种群发展出现不同结果。

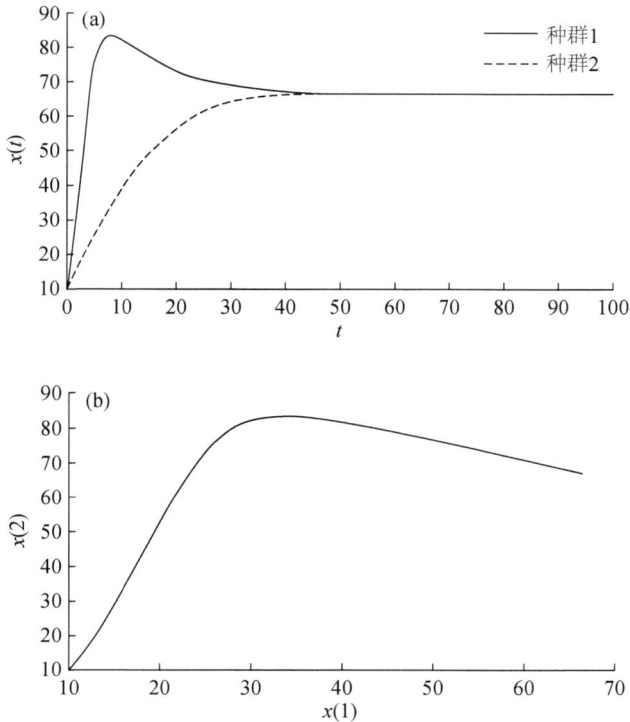

图 4-2 竞争模型解析图（情境 2）

图 4-2（b）表示，种群 1 和种群 2 初期都有增长，但由于竞争系数相同，最终双方的增长趋同。

3）令 $r_1=0.5$，$r_2=0.5$，$\alpha=0.5$，$\beta=0.5$，$K_1=100$，$K_2=200$，tspan=[0:100]，x_0=[1010] 时，竞争模型解析图为

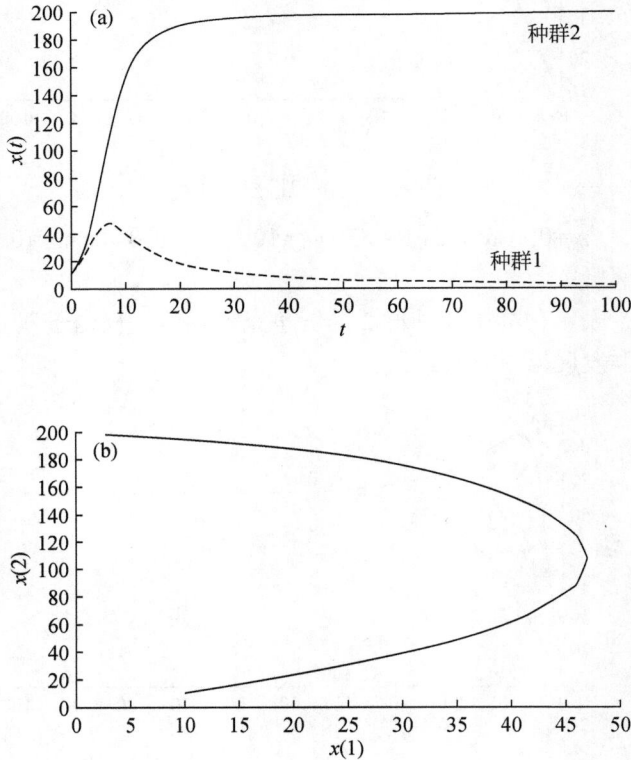

图 4-3　竞争模型解析图（情境 3）

图 4-3（a）表示，规模增长率和竞争系数都相同时，种群 1 和种群 2 由于各自资源禀赋的不同，而导致结果发生巨大差异，种群 1 在发展一定程度后开始萎缩，种群 2 则向其资源极限发展。

从图 4-3（b）可以看出，种群 1 和种群 2 的发展初期共同增长，但很快出现拐点，种群 2 继续向资源极限发展，而种群 1 则出现下降。

4）令 $r_1=0.3$，$r_2=0.8$，$\alpha=0.8$，$\beta=0.3$，$K_1=100$，$K_2=100$，tspan=[0:100]，x_0=[1010]，则竞争模型解析图为

图 4-4（a）可知，种群 2 的规模增长率大于种群 1，种群 1 的竞争系数大于种群 2，则双方发展较为平滑，达到发展极限后趋于稳定。

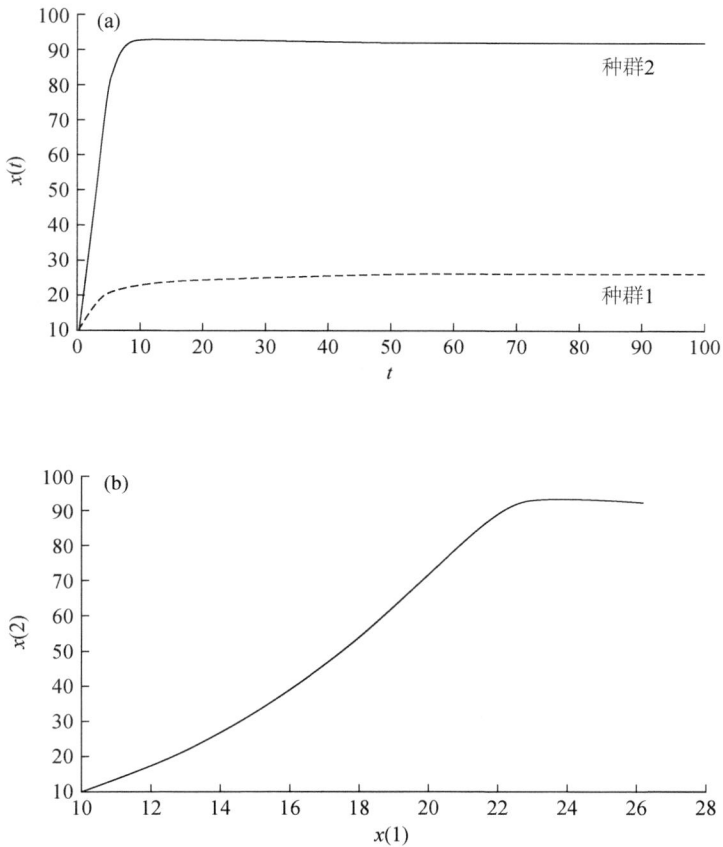

图 4-4　竞争模型解析图（情境 4）

从图 4-4（b）可以看出，种群 1 和种群 2 的发展经过稳步增长后，趋于平衡点，实现了系统稳定。

由以上分析可以看出，由于竞争的存在，在不同的内禀增长率和竞争系数的情况下，种群 1 和种群 2 的增长均低于其生态容量的饱和值，更加直观地展现了竞争对于种群增长的抑制作用。

4.2　企业种群间的共生

4.2.1　企业物种间的关系特征

无论是在自然界，还是在人类社会，所有的事物都处于一定的联系中，有区别的是在不同事物之间，联系的紧密度或者联系所表现出来的具体方式有所差异。企业作为整个社会经济系统中的生命体，它们之间的联系表现出以下几个特征。

1）联系方式的多样性。在自然界，各种动植物之间的联系最常见的表现为竞争、共生、寄生和捕食几种，而捕食是我们最常见到的一种。特别是对动物而言，个体、种群、物种的延续生存都必须依靠捕食来实现。企业之间也存在类似的关系。

2）联系的主动性。对于自然生物而言，它们通常不能自主地选择与何种生物之间发生联系，既不能拒绝，也不能主动，大部分物种只能是被动的与其他物种产生联系。但是在社会经济系统中，企业的主动意识很强烈，它们能够根据自身的需要有意识地选择与之产生某种联系的对象，例如可以选择与谁合作，或终止合作等。

3）目的的多样性。自然物种之间发生联系，对于物种来说通常只有两个结果，一种是积极地促进自身物种的进化，另一种就是阻碍物种自身的发展。物种为了自己生存进化的需要，通常是选择大规模的种群扩张，通过数量的扩大来减少其他物种的威胁。在经济系统中，企业之间产生联系的目的更加多样，可以是为了压制对手的发展，也可以是为了达到提升企业的市场占有率，企业的管理水平、生产效率等多方面的目的。

在诸多关系中，以促进企业发展、提高生态容量为目的的共生关系，是企业物种间的一种重要的合作关系。共生，从其本质来看是一种特殊类型的合作，这种合作关系的特殊性，在于它不仅仅能够为合作双方带来经济利益，还能够提升彼此对生存环境的适应程度。

4.2.2　共生理论

工业共生起源于工业生态学。20 世纪 90 年代，工业生态学和工业生态系统引起学界关注，并且以丹麦卡伦堡工业共生体为研究对象，人们看到工业共生不仅给企业带来经济效益，还可以实现环境质量的改善，因此展开了工业共生的相关研究。丹麦卡伦堡公司较早出版的《工业共生》一书指出，"工业共生是以共生理论和工业生态学相关理论为基础，研究不同企业间的合作关系，通过这种合作，共同提高企业的生存能力和获利能力，实现对资源的节约和环境保护，强调企业间相互利用副产品的合作关系"（Harper and Graedel，2004）。由此可知，共生的本质就是企业间的合作，只是这种合作是以副产品的交换为纽带，以提高资源利用效率和保护环境为目标的。

"共生"作为生物学概念，最早由德国真菌学家德贝里（de Bary）提出的，他将共生定义为不同种属的营养性联系，是一起生活的生物体的某种程度的永久性的物质联系，并且指出生物的共生同竞争一样，是一个普遍的现象。随着共生研究的不断深入，生物学家对共生的概念初步有了统一的认识：共生是指不同种属按某种物质联系而生活在一起的现象。或从一般意义上讲，共生是指共生单元之间在一定的共生环境中按某种模式形成的关系。

自共生概念提出以后，生物学界对共生的研究不断涌现，自 19 世纪以来，表现最为突出的是前苏联一些杰出的生物学家，如范明特、科左波林斯基和科斯基，先后对共生引起的物种形态和生理变化进行研究，为共生的进化学说奠定了坚实基础。

约瑟夫·斯蒂格利茨是最早运用共生理论来研究经济问题的学者。他认为，企业共生不排除竞争，企业共生关系中既包括竞争关系，也包括合作关系；稳定共生条件下的竞争，不是你死我活的过度恶性竞争，而是通过共同适应和共同发展来获得共同进化的一种"共赢"的适度竞争（Zhang, et al.，2008）。

国内最早把共生引入经济领域进行研究的是袁纯清，他认为共生关系包括共生单元、共生模式和共生环境三个要素（袁纯情，1998）。

（1）共生单元

共生单元，是共生现象里的一个单位表达形式，指的是共生关系中能量生产和交换的基本单位，共生单元的存在是共生体得以形成的基本基础。通常有两个参数来对共生单元进行衡量，即象参量和质参量。质参量体现的是共生单元所具备的内在属性，而象参量体现的是共生单元所具备的外部特征。不同的工业共生体所具有的共生单元的性质和特征是不同的。

（2）共生模式

共生模式也可称为共生关系，是指共生单元相互作用的方式或相互结合的形式，其特征指标包括共生度、共生系数、亲近度、同质度、共生密谋和共生维度。从行为方式上，共生模式可分为寄生关系、偏利共生关系和互惠共生关系；从组织程度上，共生模式可分为点共生、间歇共生、连续共生和一体化共生等多种情形。共生单元之间的关系即共生模式是在一定的环境中产生和发展的。

（3）共生环境

无论是何种共生模式，都必须依赖一定的环境而存在。共生单元以外的所有因素的总和构成共生环境，是单个企业或企业整体生存发展的生态环境，它既包括自然环境和社会环境，也包括周边企业群。环境与共生体之间的作用是相互的，环境对共生体的影响是通过物质、信息和能量交流来实现的，根据环境对共生体影响的结果，可以分为：①正向环境，对共生体起激励和积极作用；②中性环境，对共生体既无积极作用，也无消极作用；③反向环境，对共生体起抑制作用。反之，共生体对环境的影响也可表现为三种类型：正向作用、中性作用和反向作用。

共生与环境的组合关系不是一成不变的，随着时空条件的变化，不仅环境会发生变化，共生体也会发生变化，这种变化促成形成新的共生关系。

工业共生的三要素相互影响，相互作用，在一个完整的工业共生关系中，三要素之间的位置与作用也有一定的差异，简而言之，共生单元是共生关系产生的基础，共生模式是发生共生作用的关键，共生环境则是共生关系依赖的外部条件。

共生关系的存在是需要一定条件的，对于二维企业种群共生体而言，共生关系的条件有以下三条。

（1）共生能量的生成

创造出新的能量是共生关系产生的最主要目的。这种新能量的创造，是共生关系得以存在的基础。要维持共生单元之间稳定的关系，共生单元的能量必须比未参与共生关系之前有所增加。

（2）两个共生种群间至少有一组质参量兼容

质参量是衡量共生单元的一个重要参数，反映的是共生单元的内部属性。质参量兼容，就是要求在共生单元之间可以进行质参量的相互表达。具体来说，如果两个种群要形成一定的共生关系，则需要共生单元间的生产系统、供应系统等存在一定的对应关系。例如，A 单元所生产的产品是 B 单元的零部件，或 A 所产生的废弃物是 B 的原材料，那么 B 的产品质量和生产能力就取决于 A 的质量和生产能力。

（3）两个共生种群间至少能形成一个共生界面

共生界面是共生单元之间进行沟通、接触、作用的媒介或者介质。有了共生界面，共生体之间才能够进行信息的传递、能量的补充、物质的交换等。共生界面在共生种群中的重要作用还表现在，界面性质的变化会对整个共生种群的模式带来改变。在一个共生体系中，并不仅仅只有一个共生界面存在，共生界面的数量通常与共生体系的复杂程度相关，在复杂的共生体系中，通常会有数个共生界面同时存在。例如，在一个产业链上，位于上下游的两家企业 A 和 B，要实现共生关系，使彼此的产品能够互相衔接、为共同的消费市场服务，通常就必须使双方企业采用同样的生产标准。生产标准的一致性，会使这两个企业之间形成多个共生界面，如质量的共生界面、产量的共生界面、技术的共生界面等，以此实现在不同界面下的物质、信息和能量的交流。

4.2.3　企业共生的实现模式

在自然界中，"食物链"是维持生态平衡的基本形式。企业通过模仿"食物链"，利用不同种群间的共生现象构建起"工业生态链"，形成工业共生体，以实现资源的高效使用和污染的减少。

假定有两个企业种群，种群 1 作为上游企业，产生大量副产品、工业剩余物质和不能被充分利用的能源；种群 2 则作为下游企业出现，发挥"吸收器"的作用。在它们构成了共生关系后，对于种群 1 而言，由于减少了污染物的排放，节约了污染物的处理费用，而且当它的副产品或工业剩余物质成为廉价的商品时，还将从经济上获利，另一方面，由于污染物的减少也扩大了其生态环境的容量；对于种群 2 而言，既获得了廉价的物质资源供应，提高了获利能力，又扩大了其物质资源的生态容量。

以焦化产业链为例，来对工业共生体加以进一步的分析阐述。

从将原煤生产为焦炭的过程，按照产业链的先后顺序看，从原煤到焦炭，转化了 75％的碳元素；如果把副产品煤矸石用来发电，那么转化率就会上升为 82％；如果将炼焦过程中形成的焦炉煤气、煤焦油、粗苯等进一步的综合利用，则碳元素的利用率会上升到 98%。按照这种多层次的转化方式，不仅碳元素的利用率大幅提升，而且也能减少废弃物给自然生态环境带来的压力。

按照工业生态链的原理，在区域层面上，当整个产业链中的不同企业在生产过程中产生企业内部无法消化和再利用的废弃物时，可以通过物质、信息、能源共享的模式形成共生关系，使上游企业生产出来的废弃物成为下游企业生产的原材料，将废弃物的污染程度降到最低。例如，通过建立废弃物综合回收加工基地，煤气可以生产出甲苯和化肥，焦油可以生产出酚油、沥青、蒽油、萘油以及酰油等系列产品，作为其他企业的原料。

山西省孝义市经济技术开发区在这方面做了有益的探索。通过产业生态化转型，开发副产品综合利用技术，建立煤焦油和苯类等副产品集中加工基地，对煤气进行综合利用，不断拓展产品生态位，提高总体经济效益，逐步建立形成了两条主要生态产业链（图 4-5）。

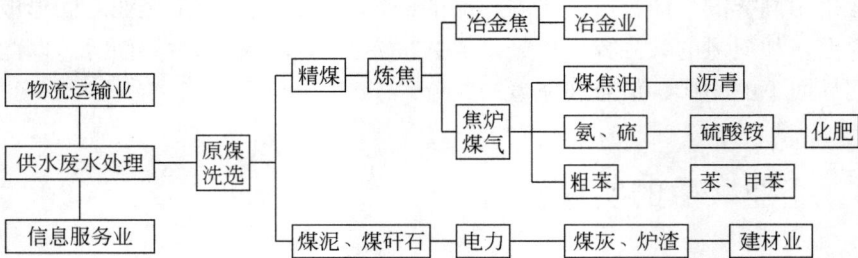

图 4-5　山西省孝义市经济技术开发区生态产业链

4.3　种群共生对于企业种群生态容量扩大作用分析

共生理论的出现为降低企业种群间的资源竞争提供了思路。按照循环经济的模式，对各个产业按照共生生态产业链进行重新组织，建立生态工业园，将会有效地实现资源的节约和污染的减排，创造一定的生态容量。在整个社会资源输入端总量不变或减少的情况下，实现企业种群的增长。

本书将在 Logistic 模型中引入共生变量，建立两个企业种群的共生模型：

$$\frac{dx_1}{dt} = rx_1\left(1 - \frac{x_1}{K_1 + \alpha x_2}\right) \qquad (4\text{-}5)$$

$$\frac{\mathrm{d}x_2}{\mathrm{d}t} = rx_2\left(1 - \frac{x_2}{K_2 + \beta x_1}\right) \tag{4-6}$$

企业种群独自发展时按 Logistic 模型增长，其生态容量分别是 K_1 和 K_2。生态容量包括物质资源的容量和生态环境容量。当有一个具有共生作用的企业种群出现时，其作用是增加对方的容纳量，使容纳量从 K_1 增加到 $K_1 + \alpha x_2$，K_2 增加到 $K_2 + \beta x_1$。

为求第一象限内部的正平衡点，解方程组：

$$\frac{\mathrm{d}x_1}{\mathrm{d}t} = rx_1\left(1 - \frac{x_1}{K_1 + \alpha x_2}\right) = 0 \tag{4-7}$$

$$\frac{\mathrm{d}x_2}{\mathrm{d}t} = rx_2\left(1 - \frac{x_2}{K_2 + \beta x_1}\right) = 0 \tag{4-8}$$

当 $\alpha\beta < 1$ 时，可得：

$$x_1^* = \frac{K_1 + \alpha K_2}{1 - \alpha\beta} = \frac{K_1 + \alpha(K_2 + \beta K_1)}{1 - \alpha\beta} > K_1 \tag{4-9}$$

$$x_2^* = \frac{K_2 + \beta K_1}{1 - \alpha\beta} = \frac{K_2 + \beta(K_1 + \alpha K_2)}{1 - \alpha\beta} > K_2 \tag{4-10}$$

共生现象下的企业种群规模平衡值有所增大。

现分析平衡点（x_1^*，x_2^*）的稳定性，令：

$$x_1 = x_1^* + \zeta \tag{4-11}$$

$$x_2 = x_2^* + \eta \tag{4-12}$$

原方程变为

$$\frac{\mathrm{d}\zeta}{\mathrm{d}t} = f(x_1^* + \zeta, x_2^* + \eta) \tag{4-13}$$

$$\frac{\mathrm{d}\eta}{\mathrm{d}t} = g(x_1^* + \zeta, x_2^* + \eta) \tag{4-14}$$

对上述方程右端用二元函数的泰勒展开式，并舍去二次及二次以上的各项，得：

$$\frac{\mathrm{d}\zeta}{\mathrm{d}t} = \zeta \frac{\partial f}{\partial x_1}\bigg|_{(x_1^*, x_2^*)} + \eta \frac{\partial f}{\partial x_2}\bigg|_{(x_1^*, x_2^*)} \qquad (4\text{-}15)$$

$$\frac{\mathrm{d}\eta}{\mathrm{d}t} = \zeta \frac{\partial g}{\partial x_1}\bigg|_{(x_1^*, x_2^*)} + \eta \frac{\partial g}{\partial x_2}\bigg|_{(x_1^*, x_2^*)} \qquad (4\text{-}16)$$

可得：

$$\frac{\mathrm{d}\zeta}{\mathrm{d}t} = -r\zeta + \alpha r\eta \qquad (4\text{-}17)$$

$$\frac{\mathrm{d}\eta}{\mathrm{d}t} = -r\eta + \beta r\zeta \qquad (4\text{-}18)$$

其特征方程为

$$\lambda^2 - 2r\lambda + r^2(1-\alpha\beta) = 0 \qquad (4\text{-}19)$$

其特征根是 $-r[1+\sqrt{\alpha\beta}]$、$-r[1-\sqrt{\alpha\beta}]$，因此特征根为两个不同的负实根，所以平衡点 (x_1^*, x_2^*) 是渐近稳定的。

1）令 r=0.5，α=0.3，β=0.8，K_1=100，K_2=100，tspan=[0:100]，x_0=[1:10]，则共生模型解析图为

图 4-6（a）表示，由于种群 1 和种群 2 的共生系数不同，导致双方虽然发展都超过了其自然禀赋的极限，但发展值却不同，种群 2 发展速度和发展值都要明显超过种群 1。

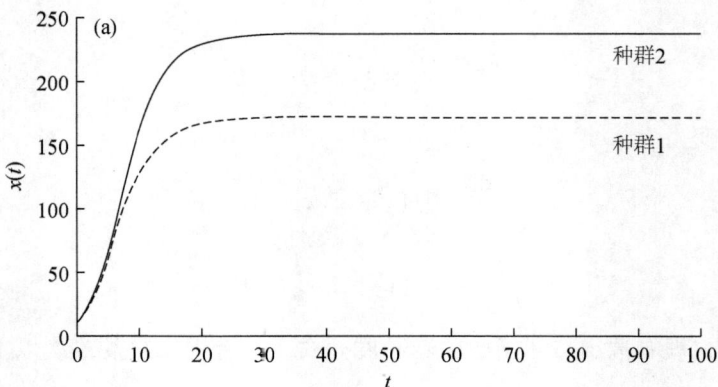

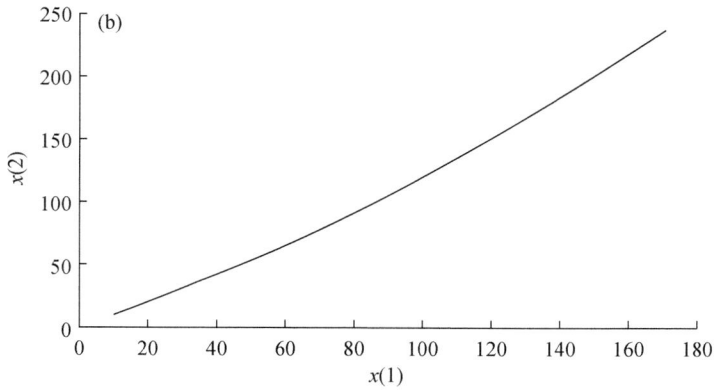

图 4-6　共生模型解析图（情境 1）

从图 4-6（b）可知，共生模型使种群 1 和种群 2 的发展极限都有所突破，并且呈直线向上走势。

2）令 $r=0.5$，$\alpha=0.3$，$\beta=0.8$，$K_1=200$，$K_2=100$，tspan=[0:100]，x_0=[1:10]，则共生模型解析图为图 4-7（a）。

从图 4-7（a）可知，种群 1 的自然禀赋极限比种群 2 大，但种群 1 的共生系数比种群 2 的小，发展曲线出现交替增长趋势。

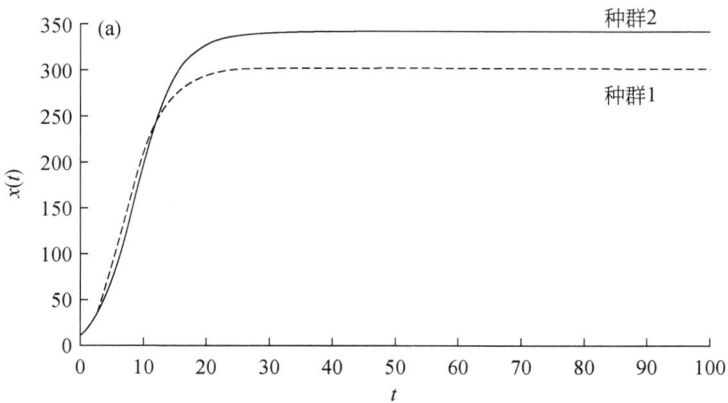

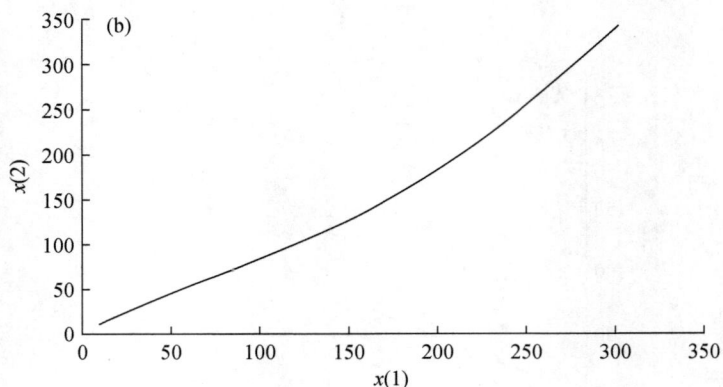

图 4-7　共生模型解析图（情境 2）

从图 4-7（b）中可以看出，在发展初期，种群 1 的增长速度要高于种群 2，但随着双方的发展出现交叉，种群 2 的发展速度快于种群 1。

3）令 r=0.5，α=0.3，0.5，0.7，β=0.8，K_1=100，K_2=100，tspan=[0:100]，x_0=[1:10]，则共生模型解析图为

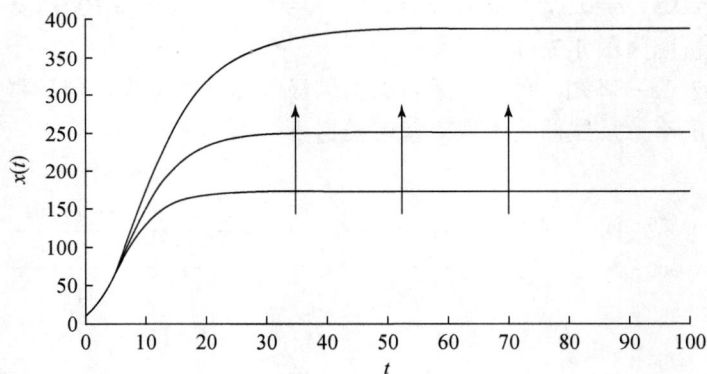

图 4-8　共生模型解析图（情境 3）

从图 4-8 中可以看出，随着种群 2 对种群 1 的共生系数越来越大，种群 1 在 K_1=100 的基础上迅速得到发展，自然禀赋极限值逼近 K_1=400，共生效应不断强化。这也再次反映出共生模型的优势，双方在相互扶持下都能得到超过独自发展的空间。

4.4　本章小结

　　由于种群间生态位的重叠所引起的竞争，削减了其实际生态容量，企业种群增长往往无法达到其理论上的生态容量上限。本章通过建立模型进一步分析了竞争对企业生态容量的影响；并且提出企业种群可以通过建立工业共生体为应对途径，来扩大各自的生态容量；建立了企业的共生模型，进一步分析了共生对于扩大生态容量的作用。

第 5 章　实现生态化技术创新和政府对种群共生的作用分析

进行生态化技术创新并建设工业共生体，是应对资源短缺和环境污染，即扩大企业生态容量的重要途径，但这两种行为还会受到企业生态环境的影响。本章借助于组织生态学中生态环境对组织形式的选择和淘汰机制，对其进行了分析，认为构建适合其发展的生态环境至关重要，而政府在其中起着关键作用。

5.1　生态化技术创新中的政府作用分析

5.1.1　生态化技术创新行为选择中企业间的静态博弈

进行生态化技术创新是实现企业可持续发展的根本途径。然而，由于生态化技术创新具有较强的正外部性，阻碍了它的发展（王深等，2007）。本章将从对生态化技术创新外部性的分析入手，利用博弈论对问题的形成进行研究。

企业在通过进行生态化技术创新减少资源使用量和污染排放量，扩大整个企业生态容量的同时，也付出了额外的技术创新成本。但由于这种正外部性无法通过货币或交易的形式给企业带来收益，同时，其他企业也无需付出高昂创新成本，即可从创新活动中受益，获得更大的生态容量，从而导致企业缺乏进行生态化技术创新的动力。

本章借助博弈论对这一问题进行研究，以分析企业的行为选择。假定有同一种群的两家企业 A 和 B，关于其是否进行生态化技术创新，可以有以下四种组合。

第一种情况是企业 A 和 B 均不进行生态化技术创新， 双方的收益为 R^1_{eA} 和 R^1_{eB}。

第二种情况是企业 A 选择进行，收益为 R^2_{eA}；企业 B 不进行，收益为 R^2_{eB}。

第三种情况是企业 A 不进行，收益为 R^3_{eA}；企业 B 进行，收益为 R^3_{eB}。

第四种情况是企业 A 和 B 均进行生态化技术创新，双方的收益为 R^4_{eA} 和 R^4_{eB}。

令 C_e 为新增成本，I_e 为新增受益，$\gamma(0 \leqslant \gamma \leqslant 1)$ 为正外部性的强度，$(1-\gamma) \cdot I_e$ 为进行生态化技术创新的企业获得的新增收益；$\gamma \cdot I_e$ 为没有进行创新的企业的新增受益。

四种情况下企业的受益分别记为

$R^1_{eA} = R^1_{eA}$；

$R^1_{eB} = R^1_{eB}$；

$R^2_{eA} = R^1_{eA} + (1-\gamma_{eA}) \cdot I_{eA} - C_{eA}$；

$R^2_{eB} = R^1_{eB} + \gamma_{eA} \cdot I_{eA}$；

$R^3_{eA} = R^1_{eA} + \gamma_{eB} \cdot I_{eB}$；

$R^3_{eB} = R^1_{eB} + (1-\gamma_{eB}) \cdot I_{eB} - C_{eB}$；

$R^4_{eA} = R^1_{eA} + (1-\gamma_{eA}) \cdot I_{eA} - C_{eA} + \gamma_{eB} \cdot I_{eB}$；

$R^4_{eB} = R^1_{eB} + (1-\gamma_{eA}) \cdot I_{eB} - C_{eB} + \gamma_{eA} \cdot I_{eA}$；

由此得到以下收益矩阵，见表 5-1。

表 5-1　企业 A 和 B 在不同生态化技术创新行为选择下的收益矩阵

项　　目		A 企业行为选择	
		不进行生态化技术创新	进行生态化技术创新
B 企 业 行 为 选 择	不进行生态化技术创新	第 1 种情况 A 企业收益： R^1_{eA} B 企业收益： R^1_{eB}	第 2 种情况 A 企业收益： $R^1_{eA} + (1-\gamma_{eA}) \cdot I_{eA} - C_{eA}$ B 企业收益： $R^1_{eB} + \gamma_{eA} \cdot I_{eA}$
	进行生态化技术创新	第 3 种情况 A 企业收益： $R^1_{eA} + \gamma_{eB} \cdot I_{eB}$ B 企业收益： $R^1_{eB} + (1-\gamma_{eB}) \cdot I_{eB} - C_{eB}$	第 4 种情况 A 企业收益： $R^1_{eA} + (1-\gamma_{eA}) \cdot I_{eA} - C_{eA} + \gamma_{eB} \cdot I_{eB}$ B 企业收益： $R^1_{eB} + (1-\gamma_{eB}) \cdot I_{eB} - C_{eB} + \gamma_{eA} \cdot I_{eA}$

如果 γ_{eA} 和 γ_{eB} 接近于 0，则 $\gamma_{eA} \cdot I_{eA}$ 和 $\gamma_{eB} \cdot I_{eB}$ 就可以忽略不计。这种情况下

企业进行创新的话，可以得到全部的新增收益，那么第 4 种情况就是纳什均衡解，两家企业都选择进行创新。

但是，如果 γ_{eA} 和 γ_{eB} 的值进一步增大，并达到如下临界值：

$\gamma^c_{eA} = 0.5 - (C_{eA}/2I_{eA})$

$\gamma^c_{eB} = 0.5 - (C_{eB}/2I_{eB})$

不进行创新的企业将会和进行创新的企业获取相同的新增收益。在这种情况下，由于进行生态化技术创新具有一定的风险，企业一定会选择不进行创新，从而使创新活动陷入"囚徒困境"。

γ_{eA} 和 γ_{eB} 接近于 1。例如，在现实中，当政府不对资源定价进行改革，或对污染企业不收取排污费时，便可能出现这种情况。在这种情况下，由进行了生态化技术创新的企业创造出来的生态容量，会被没有进行生态化技术创新的企业无偿的占用，并获得远高于创新企业的新增受益。进行创新的企业可能由于高额的成本而丧失竞争优势，被挤出市场，从而使企业失去了进行生态化创新的动力，最终整个社会都会丧失生态化技术创新的动力。

5.1.2　生态化技术创新行为选择中企业与政府的静态博弈

Hannan 和 Freeman 认为，组织生态环境对组织行为的影响很大。所以，想要企业进行生态化技术创新，首先要构建适合其发展的生态环境，然后使其实现自发演进。

区别于自然生态环境，人工系统的行为不是完全自然化的，是为了达到某种目的而成立的，具有可以控制的性质。对其所属的系统的功能越进行改造，就越能让它的功能全面，这就是区别于自然系统的，人工系统优越的方面。

基于上文中对于生态化技术创新的博弈论分析可知，由于传统生态环境缺乏对生态化技术创新的内在激励机制，整个社会会陷入生态化技术创新的"囚徒困境"。只有在受到制度政策等因素的刺激作用下，企业才有可能考虑和采用，目标是减少生产和消费负外部性的生态化技术。因此，在构建新的生态环境时，首先需要引入生态化技术创新的内在激励机制，并且剔除原有系统中的制约其发展的因素。

一个国家与地区的社会制度和政策对企业的发展往往起着决定性的作用。它左右了一个国家的相关经济制度、产业规定、市场的内部和外部的结构等。可以认为政府将是构建新的生态环境的强大的社会力量。并基于以下两方面的原因，要构建新的生态环境，政府将发挥着不可替代的重要作用。

第一，生态化技术创新的正外部性，使得技术创新往往陷入"囚徒困境"。

第二，资源浪费、环境污染等都是市场负外部性的典型表现，单纯依靠市场机制本身难以克服环境污染等负外部性。

通过市场手段解决市场的外部性问题，首先需要明确产权，才能够达成有效的科斯谈判（Coase，1960）。但是仅仅依靠市场机制本身，很难找到一个解决方案达成科斯谈判。这时只有政府才是明确产权责任的最佳选择，因此，政府有义务去履行它的责任。

从对企业间的博弈分析可以看出，生态化技术创新正外部性越强，关于生态化技术创新行为选择的博弈越容易陷入"囚徒困境"，最终导致没有企业愿意进行生态化技术创新。然而，如果从企业整体的可持续发展来看，生态化技术创新会对企业的整体生态容量的扩大发挥积极的作用。政府作为社会的管理者，需要企业的生态化技术创新。但是，要保证企业进行生态化创新的积极性，必须首先保护它的经济利益，使其具备进行创新的内在驱动力。因此，在市场失灵的情况下，需要政府发挥"第二最好选择"的作用，例如，通过产权的界定来为资源重新定价，收取合理的排污费，以增加不进行创新企业的成本；通过财税优惠和补贴，以降低创新企业的成本；以及提供软硬件环境支持等政策措施，对不适宜的企业生态环境进行调整，从而构建适宜生态化技术创新发展的环境。

如果政府进行制度创新，企业就有可能进行生态化技术创新，从而使政府获得社会收益，但同时需要增加制度创新成本。企业则会根据制度环境变化带来的收益来决定是否进行创新。由此可见，政府与企业之间也存在博弈关系。

作为博弈一方的政府有如下两种行为选择。

第一种是进行制度创新。政府需要为制度创新承担成本，但企业将会有动力进行生态化技术创新。有利于企业的可持续发展。

第二种是不进行制度创新。企业由于无法获得收益，不会进行生态化技术创新。不利于企业的可持续发展。

作为博弈另一方的企业也有两种行为选择。

第一种是进行创新，企业创新成本增加，可能会获得新增受益。有利于企业的可持续发展。

第二种是不进行创新，企业收益不变。不利于企业的可持续发展。

政府和企业的选择有以下四种情况。

第一种情况是政府与企业均不进行创新，双方的收益为 R^1_g 和 R^1_e。

第二种情况是政府创新，收益为 R^2_g；企业不创新，收益为 R^2_e。

第三种情况是政府不创新，收益为 R^3_g；企业创新，收益 R^3_e。

第四种情况是政府与企业均进行创新，双方的收益为 R^4_g 和 R^4_e。

令 C 为创新成本；γ' 为政府未进行制度创新时，生态化技术创新的正外部性强度；γ'' 为政府进行了制度创新时，生态化技术创新的正外部性强度，且 $0 \leqslant \gamma''$，$\gamma' \leqslant 1$。由于政府进行制度创新后，生态化技术创新的外部性可以得到矫正，所以 $\gamma'' < \gamma'$。

政府和企业的收益如下：

$R^1_g = R^1_g$；

$R^1_e = R^1_e$；

$R^2_g = R^1_g - C_g$；

$R^2_e = R^1_e$；

$R^3_g = R^1_g + I_e$；

$R^3_e = R^1_e + (1-\gamma') \cdot I_e - C_e$；

$R^4_g = R^1_g + I_e - C_g$；

$R^4_e = R^1_e + (1-\gamma'') \cdot I_e - C_e$。

由此得到政府和企业在不同行为选择下的收益矩阵见表 5-2。

表 5-2 政府和企业在不同行为选择下的收益矩阵

项　　目		政府行为选择	
		不进行制度创新	进行制度创新
企业行为选择	不进行生态化技术创新	第 1 种情况 政府收益: R^1_g 企业收益: R^1_e	第 2 种情况 政府收益: $R^1_g - C_g$ 企业收益: R^1_e
	进行生态化技术创新	第 3 种情况 政府收益: $R^1_g + I_e$ 企业收益: $R^1_e + (1-\gamma') \cdot I_e - C_e$	第 4 种情况 政府收益: $R^1_g + I_e - C_g$ 企业收益: $R^1_e + (1-\gamma'') \cdot I_e - C_e$

对于政府来说，第 2 种情况最差，成本增加，收益却有所减少；第 3 种情况最理想，成本没有增加，却增加了新增受益。

对于企业而言，第 1、2 种情况收益没有发生变化；而在第 3、4 种情况中，虽然成本有所增加，但也增加了新增受益。

政府和企业在第 3 种情况下，似乎达到了纳什均衡。但是，由前文可知，在第 3 种情况下，整个社会会陷入"囚徒困境"，即企业没有动力进行生态化技术创新。

而在第 4 种情况下，由于 γ'' 值很低，企业能够获得大部分的生态化技术创新新增收益。由此可见，上述静态博弈中有效的纳什均衡解只有一个，即第 4 种情况。因此，要保证企业进行生态化技术创新，制度创新很关键。

5.1.3　传统企业生态环境中的制约因素分析

在进行制度创新前，有必要对传统生态环境中制约生态化技术创新的因子进行分析。

（1）不合理的价格机制

由于仅计算开采和运输成本，没有考虑社会成本，我国自然资源的价格无法反映其真实的价值。其次，对于企业行为的正负外部性的产权不明确，无法通过市场机制获得有效的补偿或承担相应的成本。

例如，对废弃物的回收再使用是生态化技术的一个重要内容。但是，在目前的市场的限制下，对废弃物的回收利用有着非常高的成本，且再生材料的价格大多数都高于市场上新材料的价格，从这个角度来看，企业一般会因为成本和收益的原因而拒绝生产和购买再生材料。

（2）收益滞后，阻碍生态化技术获得短期竞争优势

国外经验表明，生态化技术所需要的初始成本非常高，只有到企业发展成熟后，成本才会逐渐地下降，这时候才会有较高的经济利益。生态化技术虽然具有后发优势，但初期的高成本也阻碍了生产者发展生态化技术的积极性。

（3）高成本投入，降低了生态化技术的市场竞争优势

发展生态化技术的初始成本很高，增加了投资者的投资风险。

（4）增长方法的路径依赖和生态环境的抗争力量

传统经济模式对生态化技术的阻碍力量部分来自于对原有生产方式的路径依赖。传统经济方法虽然是产生了高污染和高消耗，但是较少的初始资金投入和已经完善的技术足够保障生产者在较短时间内实现高额利润。同时，企业生态环境会对外界干扰产生抵抗，并且使自身的结构和功能保持原状（梁嘉骅等，2005）。

（5）资源与环境保护的制度不完善

我国现有环境保护的法律体系中，对环境的产权没有明确的界定，也没有对环境的容纳量进行严格的监督管理（张小兰，2005）。

（6）公众环保意识淡漠

公众对于外部不经济性缺少认识和警觉，对于商品的环保性能和质量难以区分，这种意识的淡漠也助长了企业的外部不经济行为。发展生态化技术是一项系统的社会工程，需要政府、企业、科技界和社会公众共同参与。但是，目前公众参与途径有限，有关政策较少。国家仅在引导绿色消费方面出台了少量政策。

（7）技术创新主体不同

在我国，更多的创新资源由政府所属的科研院所掌握，企业难以通过自身的技术创新来解决这一问题。

（8）政府对企业外部不经济行为的妥协

政府出于经济利益的考虑，形成了管理行为上的短视，对企业的外部不经济行为往往采取纵容的态度。

5.1.4 新的企业生态环境因子设计

基于前文的分析可知，针对传统的生态环境中存在的诸多不利于生态化技术创新发展的因素，需要发挥政府的作用对其进行改造，以重新构建适宜生态化技术创新发展的生态环境。

新的企业生态环境的构建，需要从国家调控、经济工具和社会平衡机制三方面入手，来设计能够促进生态化技术发展的生态因子。

（1）国家调控

本书中的国家调控是指通过制度、法律等强力措施来管理资源和保护环境，它的主要措施包括技术标准设置，污染物的总排放量控制，污染付费制度和环境影响评价制度等。其缺点是执法成本高，且制度不完善。因此，一些经济学家称之为不经济的措施。

a. 制度性因子

通过适当的制度安排，如建立和完善绿色国民经济核算制度、环境标志认证制度、绿色消费制度等，来规范和引导企业的行为。

b. 法律性因子

通过立法这种强力手段，来杜绝企业的不经济行为。

（2）经济工具

本书中的经济工具是指政府根据市场机制来出台分配自然资源和保护环境的措施，以克服国家调控的不经济性。这些措施被称为经济手段，其特点是可以降低企业成本，提高效率。

a. 企业成本因子

可以通过直接投资兴建、财政补助、贷款优惠等方法来降低企业初始成本。

b. 资源与环境价格因子

完善资源价格机制，使其真正反映资源的社会价值，并明显高于回收再利用资源的价格；明确环境资源产权，为环境定价，增加企业的外部不经济行为成本，以鼓励企业发展生态化技术。

c. 科技创新主体作用因子

由于国家掌握着大量的科技创新资源，应当持续加大对生态化技术创新的资金支持，加快"产学研"的融合。并且在发挥主体作用的同时，对企业的技术研发进行鼓励。

（3）社会平衡机制

本书中的社会平衡机制是指为了消除国家调控和经济手段的局限，或应对所谓的市场和政府失灵的现象。人们创造了社会平衡机制，通过强调利他主义和公众意识来引导和规范污染者的行为，一般通过宣传和教育促进社会平衡机制。

公众参与因子。倡导绿色消费，培育环保消费群体，增强公众的环保意识，为生态化技术产品培育消费市场，引导企业的绿色生产。

5.2　工业共生体建设中的政府作用分析

自然生态环境是经过了千万年自然进化的结果。但是对于人工企业生态环境而言，尽管也存在自然进化的现象，但它的形成主要是人工设计的结果，它的进化需要外部力量的促进。这也是人工生态环境区别于自然生态环境的一个重要方面。

在完成了外部生态环境的设计后，对于工业共生体，这个生态化技术创新落地的重要载体而言，企业物种间合作的适合度，在新的生态环境中还存在很多的障碍，例如：由于各企业之间技术水平上的差异，使得它们可能不适合共生；由于信息不通畅，使得上下游企业无法实现匹配；企业领导者的意识也会阻碍共生的发生；缺乏共生的激励（Gibbs et al.，2002）等，诸多微观问题的存在阻碍了工业共生体的形成。工业共生体的形成还需要一个适宜的微观生态环境，需要多方共同合作，来促进工业共生体的形成与发展。其中，政府因为掌握着大量的政策及财政资源，在促进工业共生体的形成过程中，将发挥难以取代的作用（杨玲丽，2010）。

5.2.1　政府作用的国际经验分析

本节将以欧洲和美国为例，来对政府作用的发挥进行比较和分析。

就美国的工业共生体而言，多数是由美国可持续发展总统委员会（USPCSD）推动成立的，设计构想是先创建一系列的工业共生园区，然后引进理论上共生产业链中需要的企业，最终通过企业间的共生，提高资源利用率，共同承担环境保护的责任。但实际效果却不理想：一些企业进入园区是想获得媒体的关注，提高企业的知名度；一些企业是为了获得国家的公共财政支持；另外，由于进入园区的企业之前缺乏合作，公司之间缺乏了解，在合作的过程中没有信任基础，不易形成共生。虽然它们也制定了一些政策，但由于企业间缺乏协调，最终造成了名义上的工业共生体（Gibbs，2003）。

但是欧洲国家的工业共生体获得成功的例子很多。欧洲国家的工业共生体早期大多是自发形成的。卡伦堡工业共生体就是最成功的例子：初期是由于几家主要的公司想要一起解决淡水缺乏和能源涨价的问题，而采用了相互使用废水、废气的合作模式，自然而然地形成了工业共生体，其目的是为了节约成本、增加收益、保证资源稳定供应（Chertow，2007）。当地政府则根据园区内企业的需要，出于减少共生合作障碍的目的，分阶段给予支持。

从以上的对比不难看出，政府的作用虽然很重要，但美国政府对工业共生体的规划却是失败的。在工业共生体的建设上，政府应该发挥什么作用有待于进一步的研究。

5.2.2　政府作用分析

本书认为，在工业共生体构建中，政府主要依靠制度手段，发挥减少共生障碍，协调企业关系的作用。

首先，政府所负担的责任就是要为工业共生的发展创设有利条件，为已有的或可能出现共生的地区供给推动共生现象产生的政策和财政上的支持。

其次，政府不仅要引导核心企业进入工业共生体，还要提供相关的政策，帮助协调核心企业，使他们之间形成共生。

再次，政府应该投资相关环境保护项目来作为企业之间的连接器，增加企业间共生的可能性。

最后，当合作企业不顺畅时，政府是共生园区的管理员，一定要负担起协调的责任，作为中间力量帮助公司减少中断合作的可能性。

5.3　以新能源产业为例，进行政府作用分析

新能源的开发和利用，是生态化技术创新的一个重要方面。新能源是指初步开发利用或正在积极研究、有待进一步推广利用的能源，包括太阳能、地热能、风能、海洋能、生物质能、氢能、天然气水合物、核能和核聚变能等（闫强等，2010），而围绕新能源开发、利用与经营而展开的一系列过程，称为新能源产业。其对于我国企业突破资源与环境的约束，对于减少化石能源的使用，减少能源消费的对外依存度，保证国家能源安全，都具有非常重要的意义。目前我国新能源产业还处于初步发展阶段。

本节旨在以新能源产业的发展为例，来具体探讨政府在新能源产业政策设计和政策框架中的功能角色。

5.3.1　新能源产业发展的战略意义与战略定位

国际能源署在《世界能源展望 2008》中曾经指出，人类社会正面临两大能源

挑战：一是保障可靠的、廉价的能源供给；二是实现向低碳、高效、环保的能源供应体系的迅速转变。大力发展新能源，走低碳化经济发展道路，不仅是国际能源发展和经济转型的基本共识，也是我国调整产业与经济结构、促进经济社会可持续发展的一个战略重点。我们必须充分认识到加快推进新能源产业发展的重要战略意义，明确新能源产业在转变我国经济结构和参与国际竞争中的战略地位。

（1）调整传统能源结构，确保我国能源安全

从长远来看，我国经济发展所需能源处于不可持续状态。在能源供给方面，我国石油对外依存度已超过50％，煤炭也处于净进口状态，随着廉价能源时代的终结，我国经济可持续发展对能源的需求与传统能源供给之间的矛盾日益突出。目前，我国已经成为世界第一大碳排放国、第二大能源消费国、第三大石油进口国，能源对外依存度非常高。在能源结构方面，目前我国能源结构极不合理：一次能源以煤炭为主，占70％左右；二次能源以电力为主，火力与水力发电占绝对优势，其中火电占80％左右，而新能源电力的比例很小（张国有，2009）。这意味着我国对传统能源尤其是煤炭和石油等化石资源高度依赖，这种依赖使我国面临着严峻的能源安全和环境责任压力。挖掘新能源潜力、调整传统能源结构是确保能源安全的出路。

（2）发展新型低碳经济，促进经济可持续发展

新能源产业具有资源消耗低、清洁程度高、潜在市场大、综合效益好等得天独厚的优势，其发展关系到能源安全、经济安全、生态安全，是一个成长性高、经济效益好的新兴产业，有望成为引领全球经济进入下一轮经济增长周期的重要动力。美、日、欧盟等各大经济本均将新能源产业放在刺激本国经济的重要地位，希望通过其发展来复苏经济、促进就业。

在我国，新能源产业规划能够有效促进区域经济的发展，为地方产业发展提供强有力的替代性能源，尤其是有助于解决偏远地区的能源问题，推动农村电气化进程，加快城镇化发展速度。新能源产业还可以带领电力、汽车、新材料、通讯等产业进行变革，衍生出一系列新兴产业，如有助于新能源产业上游产业——光伏、风机、多晶硅等加工制造业的发展，有助于促进电网、电动汽车等产业的发展，对节能建筑行业的发展也能起到推动作用。

因此，我国政府必须深刻认识发展新能源产业的经济和生态意义，将发展新型低碳式能源经济作为促进经济可持续发展的重要路径。

（3）推动科学技术创新，赢得国际新能源竞争优势

新能源产业对技术创新提出了较高要求，成为各国技术创新和投资的重点，包括风电技术、光伏、核电、太阳能等在内的新能源技术发展正突飞猛进。历史经验表明，每一次全球经济危机都孕育着新的技术突破，并且催生出新的产业。目前各国都在不遗余力地发展新能源产业，致力于在新的国际竞争中占据制高点，确立国际竞争优势地位。我国的太阳能产业和风能产业均处于世界前列，通过进一步加强国际合作与自主技术创新，将有望在新能源产业领域取得领先地位，在未来的国际新能源竞争中赢得主动权和发展优势。

（4）战略定位：战略中心、未来使命和战略步骤

新能源产业不仅是缓解我国能源危机、确保能源安全和生态安全的战略性产业，也将成为我国实现经济转型和可持续发展的支柱性产业。基于此，在我国新能源产业发展规划中，政府首先必须确立新能源在能源结构中的战略中心地位。其次，政府必须明确新能源产业的未来使命：一是能源安全使命，即"以新能源替代传统能源，以优势资源、可再生能源替代化石资源"（鲁峰，2009）、以清洁能源替代污染资源；二是经济支柱使命，将新能源产业发展为国家的新型支柱产业；三是生态保护使命，将新能源作为保护资源与环境的一种有效途径；四是服务社会使命，将新能源产业发展成便利民众生活、服务社会需要的资源型和服务型融合产业。为此，我国政府还需确定新能源对传统能源的替代转型战略，新能源应当从当前的补充能源地位逐步发展为替代能源、主流能源，最终成为主导能源，实现在能源结构中的战略中心地位。

5.3.2　中国新能源产业的政策基础与现实问题

（1）中国新能源产业发展的政策基础

基于新能源产业的经济生态价值和战略意义，我国政府初步制定了战略发展规划和相应的政策措施，对新能源的财政资助和政策扶持力度也在不断增加。

2005 年 2 月 28 日，全国人大常委会通过了《中华人民共和国可再生能源法》（2009 年 12 月 26 日修正），该法案为我国新能源发展提供了基本准则。我国"十一五"规划则明确提出：实行优惠的财税、投资政策和强制性市场份额政策，鼓励生产与消费可再生能源，提高在一次能源消费中的比重（中华人民共和国国民

经济和社会发展第十一个五年规划纲要）。2007 年，国家发改委制定的《可再生能源中长期发展规划》提出，要"逐步提高优质清洁可再生能源在能源结构中的比例，力争到 2010 年使可再生能源消费量达到能源消费总量的 10%，到 2020 年达到 15%"。2013 年 8 月，国务院办公厅出台了《关于加快发展节能环保产业的意见》，要求加快新能源汽车技术攻关和示范推广工作。

以上法律和规划为我国新能源产业发展明确了指导思想、基本原则和总体目标，并且初步提出了一些政策方案：一是初步确定了我国新能源产业的重点领域，如水电、生物质能、风电、太阳能、地热能和海洋能等可再生能源；二是按照政府引导、政策支持和市场推动枏结合的原则，通过优惠的价格政策和强制性的市场份额政策，为开发利用新能源建立持续稳定的市场需求；三是要求政府制定新能源价格管理和费用补偿政策，降低电网企业收购新能源发电项目的成本；四是加大财政投入和税收优惠力度，《可再生能源法》和《可再生能源中长期发展规划》都要求设立新能源发展专项资金，也要求政府运用税收政策对新能源开发利用予以支持，对新能源技术研发、设备制造等给予适当的企业所得税优惠；五是加快新能源技术创新，促进新能源产业发展。

在这些法律政策的引领下，近年来我国新能源产业发展比较迅速，风能、太阳能、生物质能等新能源均实现了高速增长。2008 年，全国风电装机容量达 1217 万 kw，成为世界第四大风电国；太阳能热水器使用量占世界总使用量的 60% 以上；生物质能也得到较快的开发和利用（王明峰，2009）。

（2）中国新能源产业发展中的现实问题

虽然既有政策为我国新能源产业的发展提供了指导性原则，但还存在诸多不足。

1）还需进一步明确新能源产业的整体布局。我国东部等经济热点地区的新能源产业过于集中，导致产能严重过剩，而西部等经济较为落后的地区则发展相对滞后，产业区域发展严重失衡，导致一些地区重复建设、资源浪费的现象不断出现，而另外一些地区处于能源紧缺的窘境。一些地方政府为了谋求政绩，不顾本地实际情况，盲目发展"概念"工程，建立"新能源基地"，尤其在风电设备、多晶硅行业尤为明显，目前我国在这两个行业已经出现产能过剩问题。新能源产业的发展需要具有宏观战略眼光，循序渐进、合理规划，对资源进行有效配置和利用。

2）新能源产业的配套政策尚显不足，与之有关的税收政策、补贴政策、信贷政策、价格政策和其他政策都有待新建或完善。尽管我国政府在资金支持、税收改革等方面作了很大努力，但激励政策仍显不足，实际运行中暂未形成稳定的市场需求，使新能源产业发展缺乏市场拉动。另外，由于我国目前许多资源处于多头管理，缺乏统一协调的政策体系，导致政府在新能源产业扶持上收效甚微。有关政策之间也缺少有效衔接，特别是财税、金融等政策扶持支持力度明显不足，配套的价格、管理等体制机制有待完善。

3）相关行业标准与保障机制有待建立。新能源产业涉及的具体能源领域很多，每种新能源都有其独特的生产、开发和利用模式，因而也需要与之相对应的行业规范和标准。目前我国新能源产业缺乏有效的行业规范、评价机制、技术标准、产品检测、认证体系和市场准入机制，对新能源产业的运行过程缺乏监管，导致产品质量不稳定。由于新能源产业的高技术产业特征，企业与消费者之间存在着巨大的信息不对称，严重削弱了消费者对新能源产业的信心，难以形成稳定的市场需求。我国新能源产业和节能产业的发展面临较大的体制障碍。随着新能源和节能技术的发展和广泛应用，我国的电价形成机制、电力运用与电网管理体制等方面存在的问题进一步突显，阻碍着我国新能源产业和节能产业的发展。

5.3.3　发达国家新能源产业发展的政策经验

（1）美国：以新能源计划促进经济复苏并创造就业机会

美国政府对能源问题的扶持政策由来已久，《公用事业管制政策法》《能源税法》《大气污染洁净法修正案》《能源政策法》《美国能源独立与安全法》《美国清洁能源和安全法》《美国创新战略》《美国复苏与再投资法案》等政策方案对美国能源经济进行了宏观布局（谢世清，2011）。自奥巴马上台后，美国政府将能源改革作为其经济振兴计划的中心课题，试图以新能源计划促进美国经济复苏和创造就业机会。为此，奥巴马计划在未来 10 年投资 1500 亿美元建立"清洁能源研发基金"，对风能、太阳能、生物燃料及其他清洁可替代能源项目进行研发和推广，创造 500 万个新的就业机会；并且通过立法，使美国温室气体排放量在 2050 年之前比 1990 年减少 80%，并拿抵税额度来鼓励消费者购买节能型汽车（陈柳钦，2011）。

（2）日本：以能源结构改革促进经济发展

在推动新能源产业发展方面，日本政府明确提出，不以增加短期需求为目标，力求以"结构改革促进经济发展"的方式，取代"通过扩大政府支持刺激经济成长"的方法，通过能源结构转型，保持其在节能方面的优势地位（陈伟，2010）。日本试图通过法律约束、税收优惠以及政策引导等配套措施，大力推动新能源产业的发展，加强风能、太阳能、核能等新能源技术的研发。1979 年，日本制定了《节约能源法》，用法律的形式约束企业及个人的节能标准。2004 年日本通产省公布了其新能源产业化远景构想，计划在 2030 年之前把太阳能和风能发电等新能源技术扶植成商业重点产业。金融危机发生后，日本拟定了适应 21 世纪世界技术创新要求的四大战略性产业，其中包括环保能源产业，如燃料电池汽车、复合型汽车等汽车产业，资源再利用与废弃物处理、环保机械等。

（3）欧盟：新能源的跨国合作与多元化供给

1997 年，欧盟颁布了可再生能源发展白皮书，提出到 2050 年可再生能源在整个欧盟的能源构成中要达到 50％的宏伟目标。2006 年欧盟委员会发布了《欧洲安全、竞争、可持续发展能源战略》，强调能源合作与协调，实现能源供给多元化等重大问题（张玉臣和彭建平，2011）。在金融危机发生后，欧盟积极发展节能环保产业，于 2007 年提出了欧盟一揽子能源计划，预计到 2020 年将温室气体排放量在 1990 年的基础上至少减少 20％，并将在新能源领域投资 300 亿欧元，创造 35 万就业机会（任继凯，2009）。此外，欧盟还将低碳经济看作"新的工业革命"，在低碳产业发展方面制定排放指标，增加科研经费投入，提出碳排放机制，制定节能环保标准等，力图在全球低碳产业发展过程中发挥领导者角色。

5.3.4 中国新能源产业的政策框架与政府角色

我们究竟该如何设计中国新能源产业发展的政策体系呢？笔者认为，除了本文第一部分所论述的总体战略定位以外，结合西方国家经验，我国新能源产业发展的政策框架体系至少应当涉及四个方面：激励类政策、决策监管类政策、行业类政策和市场服务类政策。

（1）激励类政策：研发政策、税收政策、补贴政策与价格政策

激励类政策的主要目的是为新能源产业相关主体节省新能源开发利用与消费的成本，鼓励相关主体积极投入到新能源开发利用和市场转换与消费活动中。激励类政策的激励对象包括如下方面：一是新能源研发主体；二是新能源投资主体；三是新能源开发或生产主体；四是新能源的消费主体。具体来讲，激励类政策包括但不限于如下方面。

1）研发政策：政府可以考虑设置"新能源开发利用研究基金"，每年投入相应的资金，资助新能源产业相关问题（包括技术创新、实践转化等）的研究和开发，为新能源技术创新和实践运用提供必要的经济支持。对于战略地位特别关键但需要大规模资金的新能源，在市场和社会主体无力或不愿投资的情况下，政府应当加大财政投资力度，甚至直接承担新能源的研发与利用工作。

2）税收政策：政府可以采用适当的减税、免税、抵税、退税和其他税收优惠措施，鼓励企业和个人投资新能源产业，为新能源企业提供缴税便利，同时也鼓励消费者运用新能源，消费新能源产品。

3）补贴政策：政府应当分类别适度提高新能源产业发展的补贴标准，积极运用财政补贴形式来加大对新能源产业的扶持力度。对于清洁能源企业或其他对生态环境和国民经济有较大正向作用的新能源企业，政府可以考虑为其提供适度的财政补贴，尤其是对于那些所需资金特别大、进入门槛比较高的新能源产业，适当的财政补贴有助于降低新能源企业的启动成本。对于经济效益较低但生态效益特别高的新能源产业，补贴政策也可起到激励作用。在补贴方式上，政府可以考虑直接财政补贴或贴息贷款等。

4）价格政策：新能源产业中的许多行业和产品都是前所未有的，在形成市场价格之前，政府可以考虑制定参考价格，调节新能源产品的供给与需求。价格政策既可以用于新能源企业的原材料方面，也可以用于消费者对新能源产品的购买方面。目前《可再生能源法》和《可再生能源中长期发展规划》规定了一种价格政策方案，即电网企业收购可再生能源发电量所发生的费用，高于按照常规能源发电平均上网电价计算所发生费用之间的差额，附加在销售电价中由全社会分摊。这是一种可取的尝试方案，政府可以在价格政策方面做出更多的创新。

（2）决策监管类政策：决策机制与监管体制

决策监管类政策是针对新能源政策的发展规划，建立科学民主的决策机制和高效公正的监管体制。科学民主的决策机制要求新能源产业的布局与发展要因地

制宜，根据地方生态与资源的客观条件和科学技术、市场需求的实际约束，展开科学论证。在必要的情况下，政府可以"建设新能源产业的先行区和样板区，再逐渐建立起整个国家的新能源战略优势"（宋或华，2010）。

高效公正的监管体制要求完善国家能源管理体制，加强中央和地方之间、不同政府部门之间的统筹协调，形成"适当集中、分工合理、决策科学、监管有力"的管理体制，强化国家对新能源发展的总体规划和宏观调控功能（辜胜阻和王晓杰，2006）。同时，政府还要加强市场监管，确保新能源产业市场的秩序。

（3）行业类政策：行业规范、技术政策、评价标准、认证体系

行业类政策是我国新能源产业政策体系中的关键组成部分，因为这涉及整个新能源产业的核心技术和产品质量。

1）行业规范：新能源产业包括太阳能、地热能、风能、海洋能、生物质能、核能等多种具体分支部门，因而管理对象相对庞杂，这就需要在各种分支能源领域建立相应的行业规范，并且在整个新能源产业建立带有共性的制度规范，明确各分支能源领域的进入机制、退出机制、年检制度等等，确保能源产业有其适用的制度标准和办事程序。

2）技术政策：政府可以委托专业的社会组织和研究机构制定新能源产业的相关技术标准，或者联合新能源企业共同制定技术标准，确保新能源产业达到环保、节能和高效的技术要求。更为重要的是，政府应当持续性地投入资金展开新能源的技术创新和应用（如"碳捕捉和封存"技术），同时也要大力扶持相关企业和研究机构自主展开技术创新，努力形成具有自主知识产权的新能源技术。对于成熟的技术，政府可以分担成本和风险，为新能源企业的技术推广提供条件；对于制约我国新能源产业发展的技术创新问题，政府应当加大扶持力度，由政府主导新能源核心技术的研发工作，通过设立新能源技术研究重大科技专项资金，建立国家级实验室和开放性公共研究平台等举措，集中资金重点支持战略性核心技术的研发。

3）评价标准和认证体系：对于新能源产业，国家应当有符合新能源实际特点的评价和认证体系，确保新能源产业符合国家经济发展的需要、生态环境的要求和市场的需求。政府应当在特定时期对新能源产业的发展状况、存在的问题和发展趋势做出评估判断，以及时调整新能源产业发展规划。

（4）市场服务类政策：融资政策、市场推广

在市场服务方面，一方面，政府可以制定鼓励民营资本投入新能源产业的融

资政策。对于所需资金较小的新能源产业，便捷的融资政策可以促进民营企业开展新能源的开发与利用，促进新能源产业的市场化发展和多元化供给。对于所需资金较大的新能源产业，有效的融资政策有助于缓解新能源开发对公用财政的依赖程度，减轻国家财政压力。另一方面，新能源产品的推广和销售有赖于建立起可靠的信任体系和有效的市场需求。为此，政府可以通过公共媒体宣传和普及节能知识，传递新能源产业对经济社会可持续发展的重要价值和战略意义，通过知识普及建立起市场信任，并引导市场的消费取向。如此便有利于形成和扩大对新能源产品的市场需求，推动新能源产业的创新和发展。

5.3.5　政府角色：战略规划、政策设计、资金支持与监管服务

政府是新能源产业的引领者，承担着如下重要角色。

1）制定战略规划，起到新能源产业发展的战略引领者作用。战略规划的制定需要根据不同地区的资源特点及技术发展优势，统筹规划，避免区域之间的矛盾、新能源与传统能源之间的矛盾以及不同新能源之间的矛盾，形成健康稳定的产业布局。政府在战略规划中要注重大规模发展和分散式发展相结合，多途径发展新能源产业，打造新能源产业链条，提升新能源产业的整体竞争力。

2）科学地进行政策设计，起到新能源产业发展的制度规范者作用。新能源产业政策的制定既要着眼于全局，也要着眼于具体细节，使激励类政策、决策监管类政策、行业类政策和市场类政策相互衔接，形成科学合理、规范适用的政策框架体系。

3）提供必要而强大的资金支持，起到新能源产业发展的产业扶持者作用。

4）加强市场监管，提高服务质量，起到新能源产业发展的宏观调控者与市场服务者作用。一方面，要合理转变政府职能，充分发挥市场机制在资源配置中的基础性作用，有效发挥新能源产业行业协会和商会在行业自律、技术标准、行业规范、资质认证、政策研究等方面的共同治理作用（马特·里德利，2013）。另一方面，要树立服务意识，提高政府促进新能源产业发展的服务质量，加强中央与地方政府之间、政府部门之间、区域之间的协调合作，共同推进新能源产业的快速健康发展。

5.4 本章小结

生态环境对于组织形式的选择影响很大。而要解决企业面临的生态容量限制问题，发展生态化技术创新是关键。因此，需要构建符合其发展要求的生态环境。在分析了传统经济生态环境存在的限制因素后发现，政府的作用对于构建新生态环境至关重要。在宏观层面，政府干预主要通过国家调控、经济工具和社会平衡机制来实现；在具体的工业共生体的建设中扮演制度供给者和协调者的角色。

第6章 山西省洪洞县循环经济工业园区案例分析

山西省洪洞县 2008 年被确定为山西省首批循环经济试点县，2011 年被评为山西省循环经济先进县，2013 年被山西省人民政府授予"省级环保模范城"称号，同年又被纳入国家资源型经济转型综合配套改革试验区。本章将以洪洞县依托具有鲜明专业特色的工业园区发展循环经济为例，从企业生态理论视角，对其发展概况、发展路径、发展绩效、发展经验进行分析研究。

6.1 洪洞县经济与社会概况

6.1.1 自然社会背景概况

洪洞县，隶属于山西省临汾市管辖，地处山西省南部，临汾盆地北端，东隔霍山与古县为邻，西依吕梁山与蒲县交界，北与霍州相连，南与尧都区接壤，汾河由北向南纵贯其间，全县东西最宽处 55 公里，南北最长处 47.5 公里，全县总面积 1494 平方公里，占临汾市总面积的 7.1%，全省总面积的 0.998%，全县辖 16 个乡镇，463 个行政村，902 个自然村，常住人口 74.8 万人，是山西省第一人口大县。洪洞县物华天宝、矿产丰富，不仅矿种多，分布广，且开采历史悠久。目前已探明的矿种主要有煤、铁、锌、铅、石膏、石灰岩、耐火黏土、膨润土、大理石、花岗岩等。其中煤、铁、石膏、石灰岩、膨润土、花岗岩、大理石、耐火粘土等在山西省均占重要地位；全县水资源充沛，地下水资源为 1.4 亿 m³/a，广胜寺霍泉是县内最大的碳酸盐岩溶泉，流量为 8000 万 m³/a；该县地理位置优越、交通便利，南同蒲铁路纵贯全县南北，设有赵城、洪洞、甘亭三个客运、货运停车站，共有 11 条铁路专用线。公路交通主要有大运高速公路、霍侯一级路、大运二级公路、108 国道、309 国道等，得天独厚的自然条件和优越的区位优势，使该县具有发展以资源型产业为主导的新型工业群体的优越条件。

6.1.2　工业经济发展回顾

洪洞县因为煤炭资源丰富，东西两山均有煤田分布，而且煤质优良、浅埋煤层较多，开采非常容易。在改革开放以来，尤其是从 20 世纪 80 年代中期开始，全县就开始吃上了"煤炭经济饭"。但却走的是一条典型的"高开采、低利用、高污染、低效益"，极其粗放的生产经营路径。在当时社会上，曾一度流行的"有水快流"、"大干快上"等发展口号鼓励下，一批又一批生产方式极其简单，近乎原始野蛮的掠夺式开采、生产的"小煤窑"、"小土焦"、"小洗煤"等土小企业，雨后春笋般地在全县出现。特别是到了 20 世纪 90 年代初期，在大讲发展成为时代主旋律的大背景下，洪洞县可以说进入了土小企业发展的"黄金时期"。因为生产方式极其简单，生产原料极其便宜，生产成本非常低廉，产品非常好卖，人们纷纷干起了挖煤窑，开焦厂的营生。有的山区窝铺的人家，就在自己住的窑洞里挖开了煤；有的平川村落的人家，就在自家院子里炼土焦。当时，土小企业遍布全县。有人曾有过这样一种描述"山山挖煤窑，沟沟炼土焦，烟囱像树林，处处冒黑烟，晚上就像放烟火，白天却难见太阳"。土小企业造成的这种污染奇观，曾一度使洪洞县成为山西省闻名，乃至在全国都有一定影响的污染重灾区。当时，全县工业经济发展的主导产业——煤炭工业，走的就是这样一条极其粗放的发展路经：挖煤—洗煤—炼焦。生产流程简单到几乎没有技术含量的程度，在生产过程中，造成了资源的极大浪费。"小煤窑"那种"老鼠打洞"、"镐挖车拉"的开采方式，使煤炭回采量极低，导致资源大量浪费；"小洗煤"企业在生产过程中排放出的大量煤矸石，则被抛弃到了山谷沟壑之中，既占用了土地，又污染了环境；"小土焦"的炼制过程，更是没有任何提取回收、深加工环节，煤炭一装到土坑炉里，点火就能烧成土焦，生产工艺简单到连砖砌的低烟囱都没有，于是浓浓黑烟直接对空排放，严重污染了大气环境。

洪洞县这种 "用简单方式生产，靠卖资源吃饭"的工业经济发展模式从 20 世纪 90 年代末开始发生根本性转变。当时为了适应我国加入世贸组织，融入国际经济圈的要求，国务院向世界承若：我国的主要工业企业要在 2000 年底前，全部实现达标排放。以这一历史性的发展机遇为契机，洪洞县以煤焦生产为主导产业的工业经济发展模式，才开始发生颠覆性的变革。那是一场脱胎换骨般的产业发展大变革。当时，根据国家环保法规政策和产业规模标准要求，洪洞县痛下决心，以壮士断腕的勇气，采取断水、断电、炸毁烟囱、拆除焦炉等强制手段，关停不达标污染企业，坚决淘汰落后的生产设施（全县共炸毁焦厂烟囱近千根，拆除各种土法生产焦炉近万个）。在此基础上，大力推行"关小上大、升级换代、扶优扶强"的产业发展战略。依照"优化产业结构、优化生产工艺、优化技术装备、优化发展环境"的发展思路，由政府牵头，企业出资，联合山西大学环资学院和中国核辐射研究院等科研院所，历时一年，编制了《洪洞县焦化工业区域环境影响报告书》，并又相继编制了《洪洞县焦化行业污染源治理规划》、《洪洞县工业污染源全面达标规划》、《洪洞县污染源全面达标实施方案》等一系列操作性很强的文件，为洪洞县工业经济实现"产业升级换代、结构优化调整、推行清洁生产、发展循环经济"奠定了坚实的基础。

6.1.3　循环经济工业园区发展现状

近年来，洪洞县坚持走"依托工业园区，发展循环经济"的新型工业化道路，依据资源分布、产业基础、交通状况、区域优势等综合因素，统筹布局、科学规划，在县区域内开发建设了四个具有鲜明专业特色的工业园区。下面对四个工业园区的基本情况做简要介绍。

（1）洪洞煤焦化深加工园区

2006 年经省经委批准设立，并命名为"山西省示范工业园区"；2009 年省经信委根据新的产业发展定位和区域布局批复建设精细煤化工园区；2010 年 12 月被国家工信部确定为国家新型工业化产业示范基地。园区规划面积 47.3 平方公里，总投资 300 亿元，以发展精细煤化工为主，促进煤化工规模化、集约化、信息化发展，园区循环经济框架基本形成。同时，严格遵循"三废"减量、循环、再利用的原则，逐步形成"能源—化工—材料一体化、资源配置生态化、科技与管理现代化的生态工业园区"。入住三焦集团、三维集团、陆合集团、华清焦化、瑞得焦化、远中焦化、山水水泥等 18 家骨干企业，具备焦炭生产能力 870 万 t，煤化工产品 100 万 t，2012 年实现销售收入 265 亿元，利税 13.7 亿元。目前，正在实施投资 85.85 亿元的山西焦化 60 万 t/a 烯烃项目、投资 4.79 亿元的园区东环路建设工程，规划发展低热值煤发电、污水处理、水泥生产及余热利用等资源综合利用项目。

（2）甘亭产业转移示范园

一期规划面积 24.8 平方公里，重点发展精密铸造、装备制造和新材料等产业。园区循环经济产业发展已形成规模，入住华翔美的、华翔格力、飞虹微纳米光伏电、虹翔科技、飞虹激光材料、塔尔科技、豪信化工、亿明半导体、红番茄食品、飞虹恒业、龙信达、格瑞蔚蓝、昌涛、尧天新光源等 14 家企业，规划发展生产 LED 系列产品、废钢综合利用、无机生态石保温复合装饰墙体材料、粉煤灰蒸养免烧砖等节能减排循环经济项目。2012 年实现销售收入 12 亿元，利税 1.1 亿元。

（3）辛村新型建材工业园

规划面积 30 平方公里，引进和发展新型建筑材料、节能保温材料、高性能陶瓷和纤维材料等产业，打造中西部地区最大的新型建材基地。入住恒富钢结构、恒美陶瓷、秉鼎陶瓷、森茂祥木业、正和机械制造等多家企业，采用循环经济发展模式，利用煤矸石、煤泥生产新型中高档建筑陶瓷，并利用农林废弃物生产加工食用菌等节能减排循环经济项目。2012 年实现销售收入 1.2 亿元，利税 517 万元。

（4）秦壁高新技术工业园区

规划面积 3.5 平方公里，积极发展循环经济产业，重点发展高新技术及新型制造业。入住山西普泰发泡铝、山西双银电热能、洪洞鑫华焊接网等 3 家企业，规划发展新型复合软包装印刷制品、发泡铝材、电动自行车、锂电池等节能减排循环经济项目。2012 年实现销售收入 6.5 亿元，利税 6500 万元。

6.2　洪洞县工业园区形成的企业生态学分析

6.2.1　"核心企业"的生态化技术创新延伸了产业链

注重运用科技创新成果，推进新型工业发展。通过推广新技术、新成果，科技进步对经济增长的助推作用日益增强。仅 2012 年，共上报各类科技项目 17 项，其中省级 5 项，市级 12 项。

在整体推进科技创新过程中，山焦、三维、华翔等大企业发挥科研资源丰富、科研实力雄厚的辐射带动优势，使全县循环经济核心技术研发能力不断增强。

位于煤焦化深加工园区的核心企业——山焦集团年产焦炭 360 万 t，化工产品品种 51 种，拥有省级技术中心，是我国蒽油、甲基萘油、轻油和煤焦油水分快速测定方法的标准起草和制定单位，其焦油加工能力为全国第一（30 万 t/a）。在技术创新方面，实施了真空碳酸钾脱硫新工艺、中压蒸汽管道保温新技术、75t/a 燃气锅炉联锁、监控装置改造及点火参数优化、工业萘热油泵漏水和气蚀问题解决、合成气压缩机 BHS 增速箱振动原因研究及处理等 108 项新技术，其中 9 项技术获国家专利（发明专利 4 项，实用新型专利 5 项），13 个计算机程序软件获国家知识版权，其中，"焦粉成型代替粒焦作造气原料的技术开发"获中国煤炭协会科技进步三等奖，"焦化废水中氨氮和高浓度酚的处理技术研究与应用"获山西省科技进步三等奖，"焦炉煤气配水煤气低压合成甲醇技术"获山西省十大优秀煤炭科技成果，"30 万吨/年焦油加工蒸馏装置国产化"和"焦炉煤气脱硫酸性气体处理及回用技术"获山西省优秀煤炭科技成果奖。

煤焦化深加工园区中的另一家核心企业——三维集团——拥有国家级技术中心，是我国 1，4 丁二醇、四氢呋喃、PTMEG、可再分散性乳胶粉四种产品的标准起草和制定单位，单套苯加工能力为世界第一（20 万 t/a），1，4 丁二醇、聚乙烯醇加工能力为世界第三、国内第一。经过多年的生产实践，在资源综合利用方面，已掌握醋酸乙烯合成反应器技术、聚合釜搅拌及在线检测技术、醇解混合技术、新型 PVA 干燥技术、副产醋酸钠提纯技术、副产醋酸甲酯提纯技术、蒸汽冷凝水回收技术、正丁醇提纯技术、SCHENK 过滤器 F－102C 滤盘和填料改造、THF 精馏系统改造、热力分厂 7#锅炉系统节能改造等核心技术；在环境保护方面，已拥有醇解废液薄膜蒸发改造、烟气脱硫除尘技术改造、生化车间臭气收集技术、生化车间两级好氧曝气活性污泥法废水处理技术等特有的优势技术。

位于甘亭产业转移示范园区的华翔集团利用废钢铁发展循环经济，进行汽车精密铸件的生产，推进汽车及其零部件产业结构调整和产品结构优化升级。其引进串联"一拖二"感应电炉供电技术，通过对电炉系统的改造，可节电 22%；采用的冲天炉废气综合利用和余热回收利用技术，年节能 3700tce，节约焦炭 3800t，并减少了烟气中的一氧化碳含量。同时，在生产中，积极推广应用造型后的废砂和熔炼后的水渣综合再利用、"焦炭末"压块后再利用、"铁屑"压块后再利用、抛丸清理的"钢丸灰"再利用等废弃物再利用技术。

生态化技术创新成果的大力推广应用，提高了资源的利用效率，改善了生态环境，提升了经济效益。在这方面综合效益最突出的典型案例是洪洞煤焦化深加工园区，该园区是围绕山焦集团和三维集团两家核心企业，以及陆合集团、华清焦化、远中焦化、瑞得焦化、山水水泥等 18 家骨干企业组成的新型工业共生循环经济体系。

该园区着力推进生态化技术创新成果，通过企业种群产业链的推广应用转化成为实际的生产能力。不仅提高了基础资源—煤炭的利用率，同时又减少了废弃物的排放量，提高了企业所需生态容量与自然生态可供容量的匹配度。

现在已形成的"煤—焦—气—精细化工"煤焦深加工产业链、"煤—矸石—电—建材"产业链，与传统的"煤—焦—化"粗加工产业链相比，产品种类由两种增加到五十种之多。

我们先对洪洞煤焦化深加工园区建立之前，当地沿用多年的传统煤焦粗加工产业链做简略分析。

从图 6-1 所示可以看出，传统的煤焦化产业链的全部生产过程结束后，只有机焦和尿素两种终端产品投入市场，在生产过程中产生的副产品，除煤泥、煤气被当地居民生活燃用外，其余生产过程中产生的废气、废渣、废水则全部作为"三废"排放到当地的自然环境中。这种极其粗放的生产方式使本来可以通过深加工提取多种精细化工产品的"三废"物料（这些废气、废渣、废水中富含多种化学元素）被当做废弃物而全部排放，不但造成了资源的严重浪费，而且还造成了对环境的严重污染，从而使当地有限的生态容量受到严重挑战。

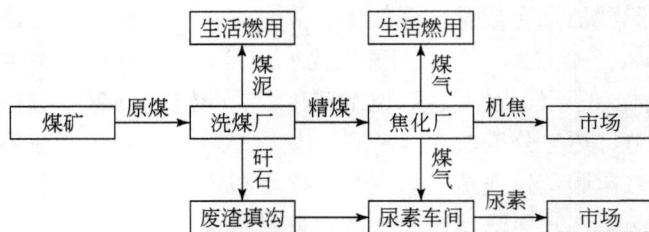

图 6-1　传统的"煤—焦—化"产业链生产流程示意图

而同样以煤为基础原料的新型煤焦化深加工产业链，由于采用了多系列的煤炭深加工提取转化新技术，不但在纵向上延伸了产业链的长度，通过多梯次的深加工利用，提取出多种市场稀缺、附加值很高的精细化工产品。而且通过横向辐射转化形成跨行业再利用的新的产业链，并由此衍生出多种适应市场需求的新兴产品，从而有效地扩大了煤焦企业的生态容量。因为在基础原料—煤炭投入总量不变的情况下，企业生产出的产品品种大幅度增加，产品附加值大幅度提升，使初始投入的资源几乎被"吃干榨尽"；同时，在其产业链终端被排放的废物量，也得到了一定量的减少，使当地的生态环境污染状况得到明显改善。从图 6-2 中，我们可以清晰地看到，新的煤焦化深加工产业链所生产的 50 余种产品的集群状态。

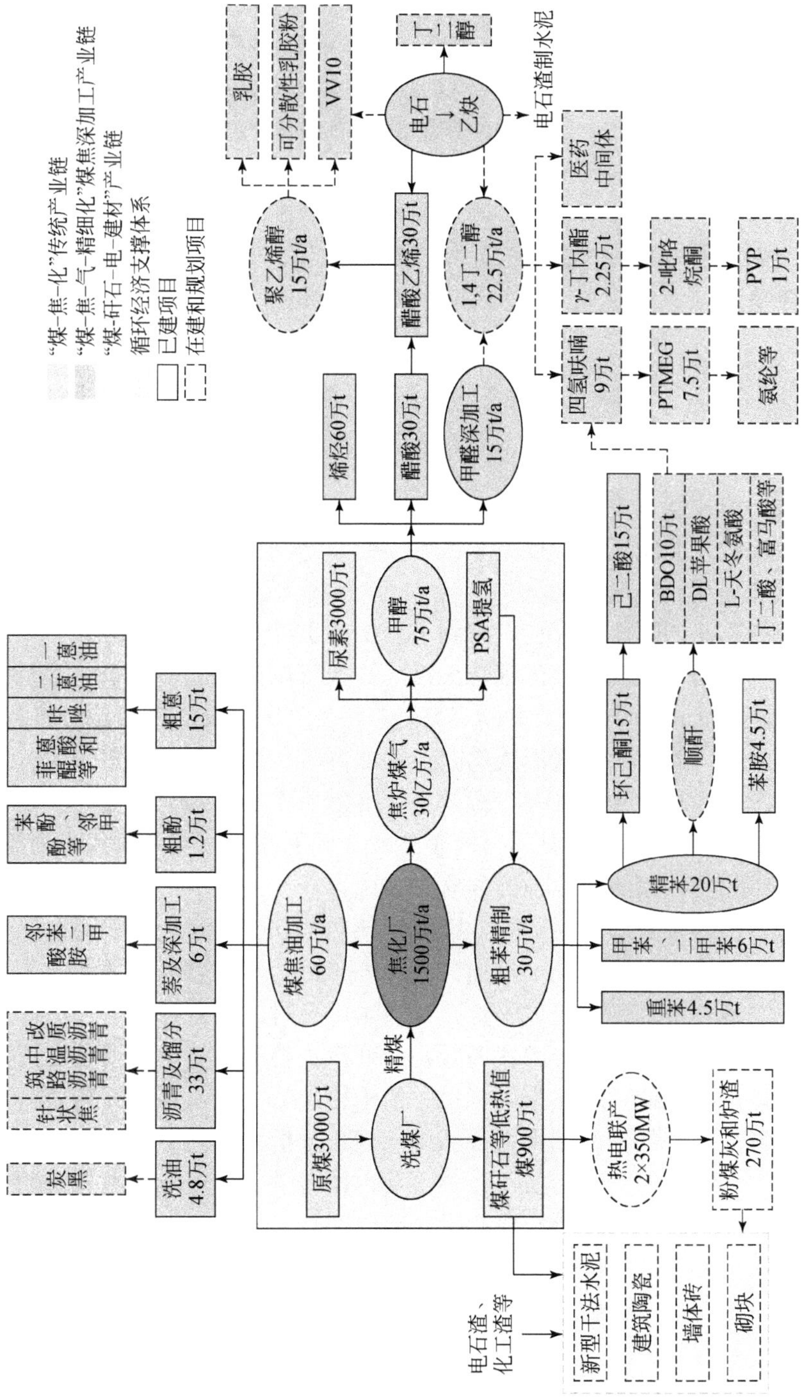

图6-2　洪洞煤焦化深加工园精细化产业链产品示意图

从以上两种同样以煤炭为基础原料的生产模式的结果对比中，可以看出生态化技术创新成果的运用对煤炭精细加工产业网链的形成所发挥的多方面的积极作用。

洪洞煤焦化深加工园区通过一系列的生态化技术创新成果转化应用，在煤焦化深加工的新型工业共生体中，弟次生成了新的多级化的生产能力，即通过不同企业或工艺流程间的横向耦合及资源共享，不断为生产链环中产生的"废物"找到下游的"消化者"再次循环利用，通过这种更进一步的精细化深加工，建立起广泛交叉的工业共生体系的"食物链"和"食物网"，获得变污染负效益为资源正效益的综合绩效。

6.2.2　围绕"核心企业"形成了共生企业群落

洪洞县四个专业性工业园区（洪洞煤焦化深加工园区、甘亭产业转移示范园区、辛村新型建材工业园区、秦壁高新技术工业）是围绕具有很强凝聚效应和辐射带动力的"核心企业"形成的。

"核心企业"在园区内的存在，有利于围绕其主导产业链的纵向延伸和横向辐射，产生出企业间一系列的共生耦合关系，甚至可以衍生出多个子代型企业和纯寄生型企业，从而形成"血缘"关系密切、"傍生"关系交织的企业种群群落。并且以"核心企业"为轴心链接形成的企业种群群落，还具有一种第一代、第二代工业园区"各自为战、独立生存"式的企业群落所不具备的独特优势。这种成员企业之间的物质和能量交换利用关系，使企业之间的联系以互利共生为利益链，形成相互依存、共生共赢的企业种群群落。

这种围绕"核心企业"产生的企业间就近便利地互相交换利用物资、能量和水等生产资料，以及就近开展副产品的延伸加工等行为，可以为相关企业节省大量的原料成本、运输成本、人工成本、公关成本以及时间成本，并可以因此享受政府为促进循环经济发展而出台的税务减免和财政扶持补贴等优惠政策。而这一切，都会最终体现在企业产品在市场竞争中的价格优势上。从内部视角分析，增强了该企业种群彼此间的内生凝聚力；从外部视角分析，提高了该企业种群整体的对外竞争力。在市场的同行业竞争中，该群落内的各关联企业将占据有利的"生态位"，将会处于同行业竞争博弈中的优势地位。

如果没有"核心企业"的存在，园区就缺少了吸引企业集群的磁力，就不会出现衍生子代型企业的"母体效应"或傍生型寄生企业的"寄主效应"，以及相关企业共生的"航母效应"。

由此可见，"核心企业"在工业园区内所产生的企业种群集聚效应，是促进园区内工业共生体生成发展的极其重要的内在条件。

到 2014 年，围绕园区内的核心企业，衍生出了下列以消化煤矸石，粉煤灰和煤泥为主的共生型企业。

1）洪洞恒美公司建筑陶瓷生产线项目，年可消化煤矸石 87.5 万 t，年可节约 5 万 tce，年可减少二氧化硫 702t，氮氧化合物 666t。

2）临汾唐安泰加气蒸养砖项目，年消耗粉煤灰 15 万立方、年节约标煤 500 余 t，节约耕地 75 亩。

3）山西秉鼎陶瓷有限公司利用煤泥、煤矸石建设高档抛光墙地砖生产线项目，年可消化煤矸石 30 万 t，年可节约 1.7 万 tce，年可减少二氧化硫 421t，氮氧化合物 419t。

4）洪洞宇欣建材公司年产 1.2 亿块煤矸石烧结砖项目，年可处理煤矸石 26 万 t，节约占地 197 亩，节约标煤 1.4 万 t。

5）洪洞宏阁建材有限公司年产 6000 万块煤矸石烧结砖项目，年可利用煤矸石 15 万 t，节约占地 60 亩，节约标煤 6000 t。

另外，还有两家农业废弃物综合利用企业值得一提。

1）洪洞县利众生物质能源有限公司，年产 30 万 t 农作物秸秆固化成型燃料综合利用建设项目，项目生产的秸秆成型燃料年可替代原煤 22.2 万 t；使用秸秆成型燃料与原煤燃烧相比年可减少烟气排放 4.33 亿 m^3，减少二氧化硫排放 390.46t，减少氮氧化物排放 346.68t，减少烟尘排放 33.35t。

2）洪洞县沃土绿色肥料有限公司颗粒肥和有机复合肥项目，年可处理污泥 5000t，产品使用后可增加土壤有机质和肥力，优化土壤生态环境。

6.2.3　工业园区构建了工业共生体的微观生态环境

专业性工业园区的构建为相关企业工业共生体的生成发展提供了重要平台，为企业种群的生成发展提供了有利的微观生态环境。与那些在生存发展空间概念上处于"各自为战、单打独斗、独立生存"状态的"单身企业"相比，加入工业共生体专业园区的企业从创办开始就可以得到系列共享的便利条件，使企业从初生阶段就处于良好的生存环境之中。

系列共享是指园区可以给入园企业提供物质资源共享、基础设施共享、市场信息共享、技术创新共享、服务网络共享等有利于企业互利共生的生成发展平台。

工业园区的平台作用主要体现在三个方面。

（1）专门的管理机构

管理机构的职能集"规划、开发、建设、运营、管理、服务"为一体，为园区创造有利于企业种群集群发展的软环境和硬环境。概括起来说，管理机构的基本职能有三点：为企业投资者扫除障碍、打通通道；为企业经营者排忧解难、提供便利；为企业劳动者提供人性化、设施全的生活所必需的系列服务网络。园区管理机构职能的有效发挥，可以使企业一心一意干好企业自己应该干好的事。

（2）公用的基础设施

这些园区公用的基础设施包括：道路、通讯、网络、供水、供电、供气、供暖等设施和污水处理、垃圾处理的专业机构，可供园区企业共享使用。从而避免了各个企业自行投资、重复建设所造成的财力、人力、物力的严重浪费。并节省了这些设施的维护运行的经济成本，人力成本和时间成本。各个企业在共享这一切便利的条件下，可以把自己有限的人力、物力、财力集中投入到生产经营的重要环节中。

（3）配套齐全的服务网络

虽然现代化企业体制改革的内容之一是企业不再承担"办社会"的职能。但是企业群落中集聚着众多的管理人员、技术人员和生产一线的操作工人。这些各类企业中最基本、最活跃、最有创造力的生命元素，无论是白领还是蓝领，谁都离不开配套齐全的生活服务网络为之提供餐饮住宿、文化娱乐、休闲健身、教育培训、人际交流等生存、生活、发展所必需的、成熟的社会生活环境。具备了配套齐全的社区生活环境，企业需要的各类人员才能"引得进、留得住"。只有工业园区才具备这种"办社会"的能力与条件。那些园区之外"各自为战、独立生存"的企业，却是难以做好的。

这里需要说明的是，虽然园区需要承担"办社会"的职责，但却不一定非要直接投资和经营，而是要承担起对生活服务网络的"合理规划、营建设施、组织招商、监督管理"等职责。在这样的前提下，企业经营者不必再为大家的吃喝拉撒睡分心劳神，投资花钱，就能聚精会神去管好自己企业的生产经营。

除去基本的设施建设外，现已投入使用的大型公用基础建设项目有两项。

1）垃圾处理工程，总投资 10 107 万元，建设规模日处理垃圾 360t，已完成投资 5000 万元，建设填埋区、分选及焚烧车间主体完工。其中中央资金 2000 万元，省煤可基金 900 万元，其余自筹。实施效果：年可处理垃圾 131.4 万 t，垃圾处理率达到 80%，每年 COD（化学需氧量）减排量为 292t，每年二氧化碳的减排量可达到 95.4t，同时可节约大量耕地，保护地下水。

2）污水处理及再生水利用工程，总投资 11 279 万元，建设规模为日处理污水 3 万 t，已竣工，其中中央资金 3600 万元，省煤可基金 3901 万元，其余自筹。实施效果：每年可减少 COD 排放 4290t、BOD（生化需氧量）排放 17 757t、氨氮排放 367.8t、磷酸盐排放 40t，可大大减轻对当地作为受纳水体的河流污染，对保护水资源起到重要作用。

6.2.4　政府"有形之手"构建了工业园区建设运营的外部生态环境

从企业生态理论的视角分析，人工生态环境的建设，是企业生态系统构建的重要因子。在洪洞县工业园区的发展过程中，在人工生态系统的构建，促进工业共生体的生成与发展，营建良好的企业发展所必需的人工生态环境方面，洪洞县政府充分发挥了"有形之手"的积极作用。

政府这只"有形之手"对各种社会资源有着强大的掌控力。为了促进工业共生体的生成发展，构建适合其发展要求的人工生态环境，政府以软环境的构建（各种政策、制度、规则的制定与运用）和硬环境的打造（各种公用基础设施的投资与建设）为着力点，调动运用各种政府资源，为生态工业园区的生成发展创造良好的人工生态环境。

具体而言，当地政府从以下几个方面进行了新的生态因子设计。

（1）制度性因子

为了强化对全县工业经济转型发展的领导，县政府成立了"洪洞县发展循环经济建设资源型社会工作领导组"，编制完成了《洪洞县发展循环经济实施方案》和《关于加快发展循环经济的实施方案的通知》，为全县发展循环经济提供了组织保障，并提出了发展路径、发展方式和发展目标。同时，县政府积极落实《国家循环经济促进法》和《山西省循环经济促进条例》政策。把发展循环经济纳入政府年度工作重点任务，建立了循环经济工作协调机制和循环经济信息管理系统，实行了循环经济责任制考核，并严格实施奖惩措施。

在企业准入上，落实国家产业政策和省市相关规定，根据主要污染物排放、建设用地和用水总量控制指标，建设项目的设计、建设、施工按国家规定和标准执行，要求建设项目建筑物采用节能、节水、节地、节材的技术工艺和使用再生产品。环保部门执行项目环评，对节能减排项目，开辟绿色通道；国土部门优先提供建设用地，优先审批；对高耗能、高污染、产能过剩和重复建设项目，一律不予通过用地预审、项目立项和环评批复；税务部门执行有关节能减排税收优惠政策，为企业减免税收；发改部门执行相关价格政策，对全县高耗能行业实行差别电价的政策，全部执行了淘汰类电价；经信、质检、住建等有关部门，都根据自身职责，联合把关，防止不符合产业政策的项目落户洪洞。

（2）科技创新因子

政府组织与省内外、各类科研院所、大专院校合作，推进循环经济技术创新孵化器建设，促进了循环经济发展。"十一五"期间，荣获省科技进步三等奖 2 项，市科技进步奖 3 项，申请专利 90 余项，推广科技成果 10 项，新品种 41 个，新技术 1 项，同时被评为"全国科技进步先进县"。

（3）公众参与因子

县政府循环经济发展领导组运用广播电视、报刊等新闻媒体，开展循环经济宣传报道工作。在大公报上以整篇篇幅报道了《洪洞——大手笔谋划转型》的文章，多家国内媒体予以转载；山西经济日报循环经济专栏对洪洞县循环经济发展的经验和成果予以报道；县政府还印发了的《六城同创法律法规知识问答》《家庭环保知识》《环保宣传手册》等宣传品。通过舆论宣传，提高了全社会对循环经济的认识，增强了全民参与的意识。

县政府还注重推广绿色消费。政府带头实行绿色采购政策；开展绿色照明推广工程，加大当地大型商场节能产品销售比例；鼓励节能环保家居生活用品超市落户洪洞；以政策措施推进新型墙材应用；鼓励可再生能源集中连片推广；通过技术、项目探索和"限塑"工作减少过度包装，使绿色消费在全县蔚然成风。

6.2.5　改善局部自然生态环境，扩大自然生态容量

洪洞县在发展循环经济过程中，组织实施了"蓝天行动""碧水行动""绿化工程""洁净工程"，推进基础设施建设和人居环境建设，洪洞县

城市功能不断完善，生态环境明显改善，交通设施更加便利，综合承载能力有了很大的提升。

实施"碧水工程"，改善水环境质量。2009年到2014年，投资1.2亿元，建成了具有全省一流水平的污水处理厂，实现了城区雨污分流和污水集中处理，年处理污水831.68万m^3，处理率80%；投资近1800万元完成了金星啤酒厂废水深度处理工程；三维集团投资2500万元完成了循环排污水回用处理工程；山焦、远中、瑞德、华清、恒富等焦化企业实现了焦化废水工艺零排放；投资15.6亿元的"洪洞县汾河生态修复治理与保护工程"已全面展开。

实施"蓝天工程"，提高大气环境质量。已建成2座大气自动监测站，对大气污染物实施全天候监测；实施了县城集中供热工程，集中供热面积达到405万m^3，供热率达到89%；加强机动车尾气检测，对尾气排放不达标的车辆强制安装了净化装置；实施了天然气利用工程，燃气用户达到2.4万户，2012年达到了3.5万余户，城区公交车及出租车燃料全部使用天然气，气化率达到80%；大力整治城区煤烟污染，坚决取缔产能落后的企业，淘汰关闭污染企业279家，另有182家营业性饭店、61家单位大灶、52家浴园全部改用了清洁燃料。

实施"绿化工程"，加快植树造林步伐。2009~2014年，实施了以荒山绿化和城区立体绿化为重点的大规模造林绿化工程；城区高标准完成了玉峰街、虹通路、恒富街等27条主干道路的重点绿化工程，建成了涧河生态公园、中心广场、时代广场等开放式市民休闲广场及街头游园、绿地；完成了114个新农村和58个厂矿企业绿化工程；完成了护岸林9500亩，荒山绿化7500亩；完成了4万亩天然林保护，1.1万亩退耕还林工程；全县造林3.80万亩，植树40.66万株，森林覆盖率达到12.71%，城区绿化覆盖率达47.06%，人均公共绿地达到11.52m^3。2012年2月，洪洞县被省政府命名为"园林县城"。

实施"洁净工程"，加强环境综合整治。城区配套完善各类环卫设施，实施了集装箱化和封闭容器化的垃圾收集方式；以城中村、农贸市场、背街小巷等为重点，集中实施治路、治污、治河和绿化、亮化、净化的"三治三化"工程；结合城乡一体化和创卫工作进程，全面启动城乡结合部和农村环境综合整治工程，自来水普及率和无害化厕所普及率分别达100%和80%，城乡生态环境有了很大改善，成为国家生县城和省级环保模范城。

具体实施项目如下。

1）县城集中供热工程，总投资26 880万元，建设规模供热总面积405万m^3，已竣工投入运营。年节约煤4.99万t，节约燃料费每年约2495万元；节约用电量376.5万度，节约电费约318.4万元；节约用水量7.5万m^3，节约水费约15.0万元。

2）县城煤气输配工程，总投资 6100 万元，建设规模日供气 10 万 m^3，已竣工投入运营。现已置换成天然气输配。城区综合污染指数大幅下降，由 8.3 下降到 1.95，空气质量二级以上天数达 342 天。

3）城区公共绿地建设工程，总投资 16 450 万元，建设面积 63 万 m^3，已竣工。

4）洪洞县垃圾处理工程，总投资 10 107 万元，建设规模日处理垃圾 360t，已完成投资 5000 万元，填埋区、分选及焚烧车间主体完工。年可处理垃圾 131 400t，垃圾处理率达到 80%，每年 CCD（化学需氧量）减排量为 292t，每年二氧化碳的减排量可达到 95.4t，同时节约大量耕地，保护地下水。

5）汾河流域生态环境洪安涧河治理工程，总投资 7181 万元，已竣工。

6）荒山造林工程，总投资 2300 万元，造林 3.5 万亩。

7）洪洞县生态环境绿化工程，总投资 3320 万元，完成通道绿化 120 公里、环城绿化 60 万株、农田林网 5 万亩、村庄绿化 20 个、企业绿化 16 个。

8）县城道路绿色照明工程，总投资 985 万元，已完成飞虹中街、古槐路、朝阳街等 12 条主街道的绿色照明工程。

9）大槐树景区绿色照明工程，总投资 500 万元，已完成。

10）晋槐综合开发农贸市场绿色照明工程，总投资 300 万元，已完成。

11）洪洞县莲花城农副产品市场绿色照明工程，总投资 300 万元，已完成。

6.3　洪洞县循环经济工业园区绩效评价

洪洞县经过五年多的工业园区开发建设，并依托工业园区积极推进循环经济发展，积小成为大成、从量变到质变，取得了显著的综合绩效。根据《洪洞县发展循环经济实施方案》提供的指标数据，本书将该县 2007 年的各项主要指标作为比照基数，把该县 2012 年发展循环经济的主要指标完成情况与 2007 年的相应指标进行了对比评价。

（1）资源产出指标

1）能源产出率：2012 年，全县能源消费总量为 292.7 万 tce，能源产出率为 5650 元/tce，比 2007 年 2188 元/tce 提高了 158%。

2）煤炭资源回收：经过 2008～2010 年煤炭资源整合，提升煤矿装备水平，煤炭资源回收率从 2007 年的 75% 提高到 2012 年的 85% 提高了 10 个百分点。

（2）资源消耗指标

1）单位生产总值能耗：2012 年，全县单位生产总值能耗为 1.77tce/万元，比 2007 年 4.57tce/万元降低了 61.3%。

2）单位生产总值取水量：2012 年，全县新鲜水总取水量为 3803.7 万 m^3，单位生产总值取水量为 23m^3/万元，比 2007 年的 28.2m^3/万元降低了 18.4%。

3）炼焦工序能耗：2012 年，炼焦工序能耗为 150kgce/t，比 2007 年 175 kgce/t，降低了 16.6%。

4）吨焦水耗：2012 年，吨焦水耗 2.21m^3/t，比 2007 年 3.63m^3/t，降低了 39.1%。

（3）资源综合利用指标

1）工业固体废弃物综合利用率：2012 年，全县工业固体废弃物综合利用率 89.3%，比 2007 年 19%高出 70.3 个百分点。

2）污水处理再生利用率：2012 年，全县城镇污水处理再生利用率为 15%，比 2007 年 2%高出 13 个百分点。

3）城镇生活垃圾无害化处理率：2012 年，全县城镇生活垃圾无害化处理率为 90%，比 2007 年的零处理率高出 90 个百分点。

4）工业用水重复利用率：2012 年，全县工业用水重复利用率为 90%，比 2007 年的 50%高出 40 个百分点。

5）废旧物资回收利用率：2012 年，全县废旧物资回收利用率达到 70%，比 2007 年 45%高出 25 个百分点。

（4）工业废物排放指标

1）万元 GDP 工业废水排放量：2012 年，全县工业废水排放量为 2325 万 t，万元 GDP 工业废水排放量 14.06t，比 2007 年 22.9t 降低了 38.6%。

2）万元 GDP 二氧化硫排放量：2012 年，全县二氧化硫排放量 6664.8t，万元 GDP 二氧化硫排放量 4.03kg，比 2007 年 13.6kg 降低 70.4%。

3）万元 GDP COD 排放量：2012 年全县 COD 排放量 4234t，万元 GDP COD 排放量 2.56kg，比 2007 年 4.58kg 降低了 44.1%。

4）万元 GDP 烟尘排放量：2012 年，全县烟尘排放量为 3700t，万元 GDP 烟尘排放量 5.66kg，比 2007 年的 17.33kg 降低了 67.3%。

5）工业固体废弃物处置量：2012 年，全县工业固体废弃物处置量为 64.8 万 t，比 2007 年 59 万 t 提高了 9.8%。

现汇总如表 6-1。

表 6-1 洪洞县循环经济指标增减变化对比评价表

指标分类	具体指标	2007 年实际值	2012 年实际值	对比值±%
资源产出指标	能源产出率（元/tce）	2188	5650	158↑
	煤炭资源回收率（%）	75	85	10↑
资源消耗指标	单位生产总值能耗（tce/万元）	4.57	1.77	61.3↓
	单位生产总值取水量（m³/万元）	28.2	23	18.4↓
	炼焦工序能耗（kgce/t 焦）	175	150	14.3↓
	吨焦水耗（m³/t 焦）	3.63	2.21	39.1↓
资源综合利用指标	工业固体废弃物综合利用率（%）	19	89.3	70.3↑
	污水处理再生水利用率（%）	2	15	13↑
	城镇生活垃圾无害化处理率（%）	0	90	90↑
	工业用水重复利用率（%）	50	90	40↑
	废旧物资回收利用率（%）	45	70	25↑
工业废物排放指标	万元 GDP 工业废水排放量（t）	22.9	14.06	38.6↓
	万元 GDP 二氧化硫排放量（kg）	13.6	4.03	70.4↓
	万元 GDP COD 排放量（kg）	4.58	2.56	44.1↓
	万元 GDP 烟尘排放量（kg）	17.33	5.66	67.3↓
	工业固体废弃物处置量（万 t）	59	64.8	9.8↑

6.4 本 章 小 结

近年来，洪洞县由于坚持走"依托工业园区，发展循环经济"的新型工业化道路不仅工业经济保持增长，而且环境质量显著改善，2012 年城市空气质量二级以上天数达到 325 天，2013 年城市空气质量二级以上天数达到 340 天。不仅摘掉戴了多年的"污染大户"的帽子，还被山西省人民政府授予"省级环保模范城" 称号。

通过上述实证，给笔者带来一种深刻的启示：秉承科学技术是第一生产力的理念，走依托生态化技术创新，大力发展循环经济的道路是企业应对资源与环境问题，实现企业生态容量扩大的有效途径。

第7章　总结与展望

在本书中，笔者以梁嘉骅先生传授的企业生态理论作为立论依据，来分析企业面临的资源与环境制约问题：企业个体像一个生命体一样，会经历从出生到死亡的过程，为了生存，它不断地寻找食物的来源，扩大自己的领地，并繁衍自己的后代；同时，作为一个物种，它生生不息，不间断地生长与繁殖。持续扩大种群的规模，是它最原始的动力。

然而，自然界的法则是残酷的，生老病死、天敌捕食、食物有限、气候变迁等无不制约着企业的生命原始冲动。企业发展史中的历次能源危机与环境危机，在不断敲响警钟，似乎预示着已经到达了"增长的极限"，以致整个人类社会弥漫着悲观主义的味道：再不停止发展，就将面临毁灭的危险。

但是，有别于自然生物体，企业这个特殊物种的生命进化是可控的，是整个人类思想、知识不断交汇的产物。每一次的交汇都会促进其进化的步伐，提高其环境适应度。

回顾历史可以发现，由于化石能源的使用，使得人们已经不必使用耕地种植交通燃料（石油取代了马匹所需的草料）、取暖燃料（天然气取代了木材）、日用动力（煤炭取代了水）、照明材料（核能和煤炭取代了蜂蜡和油脂）。如今，化石燃料的重要性逐渐减弱，太阳能给我们带来了热水和照明；核电已经变得举足轻重；地热能、风能、生物质能等也纷纷亮相。

汽车可以不再依赖于汽油，衣物不再局限于棉花的产能，玻璃纤维代替铜芯实现了电力传输，办公不再需要纸张。而这一切，都源自于我们对于物质认识的不断改变，所以对于人类而言，资源的本质是知识。人类依靠知识的不断进步，拓展着资源的新领地。

企业这个物种还能够通过改变自身的组织形式，去克服自然属性的局限。除了你死我活的竞争，还有互惠互利的合作；除了被动接受资源的分配，还能够寻找机会，开拓新领域；除了接受自然系统下的法则，还能对其进行改造。

正是基于以上的认识，当面对企业的资源与环境制约问题时，笔者由最初的"悲观派"变成了现在的"理性乐观派"。

7.1 总　　结

本书所设计采用的技术路线和具体开展的研究工作，遵从梁嘉骅先生倡导的一种自然科学与社会科学相融合的科学研究体系，运用企业生态理论的思维指针，在该研究领域开启了一条研究途径，初步构建了一套研究思维框架，具有一定的理论创新意义。

本书借鉴企业生态理论，采用定性与定量相结合，隐喻与移植相结合的研究方法，对企业面临的资源与环境制约问题进行了系统化的理论研究。一方面，为企业克服资源与环境的制约问题，提供了更为系统和宏观的研究视角，构建了新的理论框架；另一方面，丰富了企业生态理论的研究内容。

现阶段我国企业发展进入了一个资源短缺与环境污染严重的矛盾凸显期。学者们对于这一问题展开了积极的研究，但由于时间较短，研究尚处于起步阶段，处于对这一问题的认识和分析阶段，并且缺乏宏观上的把握。

有鉴于此，本书借鉴企业生态理论，发挥这一理论整体性思维的优势，对我国的企业的可持续发展进行了全面的生态学分析。首先，从企业个体，企业种群和企业生态环境三个层次，对企业进行了生态学分析：对于企业个体而言，它具有新陈代谢、自我繁殖和自我修复等生命特征，企业的生态位选择也会对其发展产生影响；对于企业种群而言，种群内部个体之间的关系，以及不同种群间的关系都会影响这一种群的发展，而种群增长面对的最大限制是生态容量的限制，对于整个企业生态环境而言，它决定了单个企业和企业种群的发展走向，构成生态系统的诸多因子都在发挥着推动或阻碍的作用。

其次，本书明确提出，企业面临的资源与环境问题，就是企业面临的生态容量约束问题，并从多个生态因子维度做出了分析，然后提出了扩大生态容量的三个层面：种群内、种群间和生态环境的构建。

对于种群内的企业而言，一方面通过发展生态化技术创新，提高资源的利用率，实现资源的减量化使用和污染的减排，以扩大生态容量的相对值；另一方面，通过开发替代性资源，以扩大生态容量的绝对值。

对于不同的企业种群而言，由于生态位的重叠和竞争的存在，他们的发展都无法达到应有的生态容量水平。随着生态化技术的发展，使得不同种群可以模仿自然界中的共生现象，通过建立工业共生体，提高资源的利用率和减少污染产生，也在一定程度上扩大了生态容量。

生态化技术创新，工业共生体以及新能源的开发解决的都是传统经济的外部性问题,因此传统企业生态环境会制约他们的发展,需要构建新的企业生态环境来促进它们的发展。在新的生态环境构建中,政府发挥至关重要的作用。

本书除了理论探讨外,还分别构建了生态学模型,对生态化技术创新和共生作用对于生态容量的扩大做了定量化的分析。

7.2　展　　望

目前我国企业所面临的资源与环境问题,是社会经济发展到一定阶段,必定会遇到的一个不可避免的时代性的课题,更是社会这个大课堂对研究者给出的一道最具实践价值和挑战性的考题。因此,本书所选定的研究课题不仅具有一定的理论价值,更具有一定的现实意义。但由于认识和实践的局限,本书的研究工作还比较粗浅,研究所得只能算是阶段性成果。随着研究工作的逐步推进,作者深感这一领域的研究工作任重道远。在今后的理论与实践探索中,肯定还会遇到不少新的问题需要去面对、去思考、去探究、去寻求其破解途径,从而帮助企业突破资源与环境制约的重围,使其走上可持续发展的健康之路。

正如保罗·罗默所说:"每一代人都觉得,要是发现不了新食谱,提不出新想法,有限的资源和不良的副作用就会为发展设下限制。可每一代人都低估了找到新食谱和新想法的潜力。我们从来无法弄清,到底还有多少新的想法有待发现"(Paul,1994)。到目前为止,对人类而言最危险的事情是关掉创新的源头(马特·里德利,2013)。但是,我们已经进入到了互联网时代,思想与知识比以前任何时候都更为混杂地交汇着,创新的源头第一次出现如此大的流量。作为一个身处互联网时代的"理性乐观派",作者未来的研究工作,将围绕互联网对于企业生态系统的影响展开,可能的研究内容有:

1)互联网对于企业资源高效配置的作用;

2)联网时代的技术创新;

3)基于互联网的企业生态系统管理模式,以及组织模式的研究等。

物联网、生态体系型企业平台、世界范围内的信息共享、开源网络创新平台、云计算、大数据等一系列事物的出现,无不预示着新的生态系统的出现。而互联网时代的企业生态系统对于企业所面临的资源与环境制约问题的解决有何影响,有待我们更进一步的探索!

参 考 文 献

阿里·德赫斯. 1998. 长寿公司//王晓霞译. 北京: 经济日报出版社.

艾瑞克·戴维森. 2003. 生态经济大未来//齐立文译.汕头: 汕头大学出版社.

巴里·康芒纳. 2001. 与地球和平共处//王喜六译.上海: 上海译文出版社.

保罗·霍肯. 2001. 商业生态学: 可持续发展宣言//夏善晨译. 上海: 上海译文出版社.

曹正汉, 史晋川. 2008. 中国民间社会的理: 对地方政府的非正式约束——一个法与理冲突的案例及其一般意义. 社会学研究, 03:92-121.

陈柳钦. 2011. 国内外新能源产业发展动态. 河北经贸大学学报, 32（5）: 5-13.

陈伟. 2010. 日本新能源产业发展及其与中国的比较. 中国人口·资源与环境, 20（6）: 103-110.

陈永昌. 2005. 我国经济发展面临的三重约束. 学术交流, 7: 5-7.

陈泳, 冯培恩, 潘双夏, 等. 2005. 基于共生进化原理的功能结构设计. 机械工程学报, 41（6）: 19-24.

冯登燕. 2006. 我国经济发展的资源约束. 环渤海经济瞭望博士论坛, 7: 15-18.

辜胜阻, 王晓杰. 2006. 新能源产业的特征和发展思路. 经济管理, 11: 29-32.

国家发展改革委国民经济综合司. 2004. 我国经济发展面临的资源约束形势和风险分析. 中国经贸导刊, 21: 19-20.

韩云. 2009. 高新技术产业集群发展动因及模式. 经济纵横, 08: 7-9.

胡晓鹏. 2008. 产业共生: 理论界定及其内在机理. 中国工业经济, 9: 118-128.

解振华. 2003. 大力发展循环经济.求是, 13: 53-55.

孔善右, 李廉水. 2008. 南京市 3E 系统协调度分析. 机械制造与自动化, 36(01): 126-129.

莱斯特·R·布朗. 2003. 生态经济:有利于地球的经济构想//林自新译.北京: 东方出版社.

李宇凯, 翁明静, 杨昌明, 等. 2010. 我国资源型企业可持续发展制约因素与对策研究. 中国人口·资源与环境, 20（S1）: 451-454.

李玉琼. 2007. 网络环境下企业生态系统创新共生战略. 北京: 经济科学出版社.

梁嘉骅, 范建平, 李常洪, 等. 2005. 企业生态与企业发展——企业竞争对策. 北京: 科学出版社.

梁磊, 邢欣. 2003. 论组织生态学研究对象的层次结构. 科学学研究, 21（S1）: 38-45.

刘年丰. 2005. 生态容量及环境价值损失评估. 北京: 化学工业出版社.

鲁峰. 2009. 新能源产业可持续发展的战略思考. 宏观经济管理, 11: 44-46.

吕铁, 徐寿波. 2004. 经济增长方式转变的数量评价问题探讨. 中国社会科学院研究生院学报,

01: 47-53.

马凯. 2004. 推动经济增长方式根本性转变的途径和措施. 中国经贸导刊, 10: 4-6.

马特·里德利. 2013. 理性乐观派. 北京: 机械工业出版社.

慕海平. 2004. 世界产业结构变化趋势、影响及我国的对策. 世界经济, 08: 31-36.

钱易. 2003. 清洁生产与可持续发展. 资源再生, 6: 10-13.

任继凯. 2009. 新能源助力经济巨轮破冰前行. 中国石油报, 04: 03.

阮震. 2003. 斯蒂格利茨的经济转型理论述评. 经济评论, 02: 48-51.

芮建伟, 王立杰, 刘海滨. 2001. 矿产资源价值动态经济评价模型. 中国矿业, 10（2）: 31-33.

尚玉昌. 2003. 生态学概论. 北京: 北京大学出版社.

宋成华. 2010. 中国新能源的开发现状、问题与对策. 学术交流, 3: 57-60.

宋旭光. 2004. 可持续发展测度方法的系统分析. 大连: 东北财经大学出版社.

孙儒泳, 李庆芬, 牛翠娟, 等. 2002. 基础生态学. 北京: 高等教育出版社.

唐德才, 杜凯, 李廉水. 2006a. 我国制造业的循环经济发展模式. 经济管理, 15: 30-35.

唐德才, 李廉水, 杜凯. 2006b. 基于资源约束的中国制造业发展路径研究. 江苏社会科学, 04:
    51-58.

唐德才, 徐斌. 2008. 中国区域制造业可持续竞争力模型——基于 Panel Date 的实证分析. 现代
    管理科学, 09: 39-41.

唐奈勒·H·梅多斯等. 2001. 超越极限:正视全球性崩溃, 展望可持续的未来//赵旭. 上海: 上海
    译文出版社.

田亚品, 陈斯养. 2007. N-种群 Lotka-Volterra 扩散竞争反馈控制生态系统的持久性和全局渐进性.
    应用数学, 20(3): 485-490.

汪应洛, 刘旭. 1998. 清洁生产. 北京: 机械工业出版社.

王琛, 王效俐, 徐荣斌. 2007. 基于知识外部性的产业集群生态化技术创新途径. 经济论坛, 15:
    7-8.

王春秋. 2006. 我国的资源约束现状与可持续发展战略. 中国矿业, 15(4): 6-9.

王家诚. 2003. 论能源产业战略管理. 北京: 中国计量出版社.

王明峰. 2009. 中国可再生能源利用步入快车道. 中华建设, 5: 29.

王燕. 2008. 我国信息资源共建共享的主要问题. 大学图书馆学报, 26（02）: 74-78.

翁光得. 1998. 规范"正常交易价格"增强反避税执法力度. 国际税收, 12: 24-26.

伍京华, 蒋国瑞, 黄梯云. 2006. 基于 Agent 辩论谈判的奖励模型研究. 计算机工程与应用. 42
    （36）: 172-175.

席德立. 1990. 工业发展的新模式——无废工艺. 环境科学, 4: 75-80.

谢世清. 2011. 美国新能源安全规划及对我国的启示. 宏观经济管理, 10: 73-74.

徐学军, 唐强荣, 樊奇. 2011. 中国生产性服务业与企业种群共生——基于 Logistic 生长方程的实证研究. 管理评论, 23（9）: 152-159.

徐艳梅. 2004. 组织生态变迁研究. 北京: 北京工业大学博士学位论文.

闫强, 陈毓川, 王安建, 等. 2010. 我国新能源发展障碍与应对: 全球现状评述. 地球学报, 31（5）: 759-767.

杨玲丽. 2010. 工业共生中的政府作用——以贵港生态工业园为案例. 技术经济与管理研究, S2: 90-93.

殷红春. 2005. 品牌生态系统复杂适应性及协同进化研究. 天津: 天津大学博士学位论文.

袁纯清. 1998. 共生理论——兼论小型经济. 北京: 经济科学出版社.

张炳根. 1990. 生态学数学模型. 青岛: 青岛海洋大学出版社.

张国有. 2009. 对中国新能源产业发展的战略思考. 经济与管理研究, 11: 5-9.

张宏伟, 张永举, 郭祎萍, 等. 2006. 城市供水系统决策支持系统的开发与设计. 中国给水排水, 22（4）: 64.

张璐鑫, 于宏兵, 蔡梅, 等. 2012. 中国清洁生产. 生态经济（中文版）, 8: 46-48.

张琦. 2006. 资源约束下我国循环经济发展战略探讨. 资源科学, 28 (2): 147-153.

张小兰. 2005. 论实行循环经济的制度障碍. 经济问题, 2: 28-30.

张玉臣, 彭建平. 2011. 欧盟新能源产业政策的基本特征及启示. 科技进步与对策, 28(12): 101-105.

章上峰, 许冰, 顾文涛. 2011. 时变弹性生产函数模型统计学与经济学检验. 统计研究, 28(6): 91-96.

钟晓青. 2001. 广东园林设计及生态花园城市建设问题研究. 中国园林, 17 (3): 16-18.

朱锦昌. 2004. 缓解资源"瓶颈", 坚持可持续发展. 理论前沿, 6: 13-15.

祝爱民, 刘孝波, 周美娜. 2011. 循环经济——产业集群发展新模式. 物流科技, 28(7): 104-106.

Allenby B R. 2005. 工业生态学: 政策框架与实施. 翁端译. 北京: 清华大学出版社.

Ausubel H, Langford H D. 1997. Technological trajectories and the human environment. Washington D.C: National Academy Press.

Bishop P L. 1999. Pollution prevention: fundamentals and practice. New York: Mc Graw-Hill Companies.

Bovenberg A. 1997. Environmental Policy, Distortionary Labour Taxation and Employment: Pollution Taxes and the Double Dividend. Tilburg: Catholic University Brabant.

Braungart M, Engelfried J. 1992. An "intelligent product system" to replace "waste management". Fresenius Bulletin, 1: 613-619.

Brittain J W, Wholey D R. 1988. Competition and coexistence in organizational communities :

population dynamics in electronic components manufacturing. Cambridge, MA: Ballinger Publishing Company.

Bruvoll A. 1998. Taxing virgin materials:an approach to waste problems. Resources Conservation and Recycling, 22(1-2): 15-29.

Chertow M R. 2007. "Uncovering" industrial symbiosis. Journal of Industrial Ecology, 11(1): 11-30.

Clark W C. 1986. Sustainable development of the biosphere. Environment: Science and Policy for Sustainable Development, 29(9):25-27.

Coase R H. 1960. The problem of social cost. Journal of Law and Economics, 56(3): 1-13.

Frosch R A, Gallopoulos N E. 1989. Strategies for manufacturing. Scientific American, 9: 106-115.

Fullerton D, Wolverton A. 1997. The case for a two-part instrument: presumptive tax and environmental subsidy (No. w5993). National Bureau of Economic Research.

Gary C, Hufbauer, Jeffrey J S. 2005. Achievements and challenges. Annual Review Energy Environment, 3: 87-89.

Gibbs D C. 2003. Trust and networking in interfirm relations: the case of ecoindustrial development. Local Economy, 18: 222-236.

Gibbs D C, Deutz P, Procter A. 2002. Sustainability and the local economy: the role of eco-industrial parks. Ecosites and Eco-Centres in Europe, 6: 19-20.

Harper E, Graedel T. 2004. Industrial ecology: a teenager's progress. Technology in Society, 26: 433-445.

Hirohisa K, Kazunori H. 1998. Correspondence analysis of paper recycling society: consumers and paper makers in Japan.Resources Conservation and Recycling, 23: 193-208.

Hond F. 2000. Industrial ecology review. Environment Change, 12: 60-69.

Jeffrey A, Kraut K. 2005. Economics of natural resource scarcity: the state of the debate. Resource for the Future, 12: 34-36.

John E. 1999. Tilton. The future of recycling. Resources Policy. 25: 197-204.

John H B, Bruce D S. The evolution of debt and equity markets. Economic Development, 67-78.

Kevin C. 2007. The triumph over resource scarcity. 37th St. Gallen Symposium, 2: 25-34.

Kevin L K. 1998. Strategic brand management: building, measuring & managing brand equity. New Jersy: Prentice Hall, 8: 9-18.

Kondo Y, Hirai K, Kawamoto R, et al. 2001. A discussion on the resource circulation strategy of the refrigerator. Resources Conservation and Recycling, 33: 153-165.

Larry E G. 1998. Evolution and revolution as organizations grow, Harvard Business Review, 3: 55-66.

Michael E P. 2000. Location, competition and economic development: local clusters in a global economy. Economic Development Quarterly, 14:15-35.

Paul U P. 1994. New goods, old Theory, and welfare costs of trade restrictions. Journal of Development Economics, 43: 5-38.

Pearce D W, Tumer R K. 1993. Market based approaches to solid waste management. Resources Conservation and Recycling, 8: 63-90.

Reijnders L. 2000. A normative strategy for sustainable resource choice and recycling. Resources Conservation and Recycling, 28: 121-133.

Robert A F. 1997. A perspective on industrial ecology and its application to metal-industry eco-system.Journal of Cleaner Produetion, 5:39-45.

Sjak S. 2001. Trade pessimists vs technology optimists: induced technical change and pollution havens. The B. E. Journal of Economic Analysis & Policy, 9: 4-8.

Spatari S, Bertram M, Graedel T E, et al. 2002. The contemporary european copper cycle: year stocks and flows. Ecological Eeonomics, 42: 27-42.

Stefan B, Christian B, Malte F, et al. 2005. Relative and absolute scarcity of nature. Ecological Economics, 12: 1-27.

Stephen P A B, Daniel W. 2000. Natural resource scarcity and technological change. Economic and Financial Review. First Quarter, 2: 13.

Stuart R. 2002. Use of life cycle assessment in environmental management. Environmental Management, 29(1): 132-142.

Suren E. 1999. Industrial ecology. Beijing: Economy Daily Press.

Wernick I, Ausbel J H. 1996. National material flows and the environment. Annual Review Energy Environment, 20: 463-492.

Wright G, Czelusta J. 2002. Exorcizing the resource curse: minerals as a knowledge industry, Past and present. Stanford University Working Papers, 08: 45-47.

Zhang L, James A K, Haibin Y, et al. 2008. Elucidating strategic network dynamics through computational modeling. Computational & Mathematical Organization Theory, 3: 175-208.